楊世輝 著

寄園詩選

陳耀成敬署

著者簡介

楊世輝字奕文，號寄園居士，一九二八年七月生，江西瑞金人。省立高師畢業，乙種特考及格。軍職退休。民國七十八年（一九八九）當選全國優秀詩人。曾任中華詩學研究所委員。詩具盛唐風致，詞近歐蘇，著有「寄園詩草」等書。作品入選，《當代百家詩詞鈔》等精選集，榮獲中華詩詞復興獎金獎。

（時倩王教授靜芝法書大堂幅，並蒙滕王閣典藏）

聞重建滕王閣感賦

楊世輝

極浦遙天古蹟殘　空餘傑構耀文壇　雕樑畫棟呈精緻　飛閣崇樓復壯觀
海客羈懷縈故郡　湖山入夢漾清瀾　洪都攬勝思今昔　待賦登臨望遠巒

寄園：係書法大師彭鴻昔年賜書墨寶

名畫家陳荊園先生寫贈（精品）

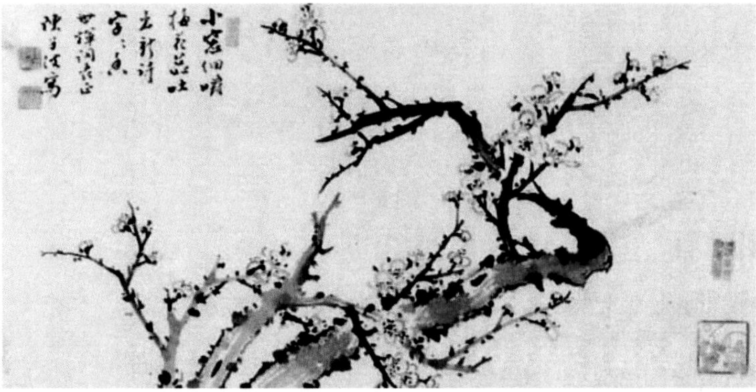

著者　丁亥秋八秩初度于壽豐園區留影

寄園詩選序

——洄瀾養靜性天窺——

陳冠甫

壹、前言

詩必學唐，詩須善於承繼唐人偉大、精彩之心靈生活傳統，要以歷久彌新之感性經驗，創作出古今心性與情境互通、互連、互融，盡心、盡氣、盡才，心心相印，活潑生動，展現天意所在、天意肯定，不捨不棄，生生不息之生命精神與心靈世界。

先哲馬一浮嘗謂：詩即吾人之生命，「如迷忽覺，如夢忽醒；如撲者之起，如病者之蘇。」蓋詩乃詩人心靈之自覺。讀之，可使人從平庸、浮華與困頓中猛然蘇醒，而驚見自我之真身。古之君子，每自比德於玉、比德於水，將己之審美情感與道德情感滲入自然景象觀照中。斯時斯際，不惟觀察自然界，體驗物象；尚且反觀自身，自我體驗，因而獲致充分之美德教養。

間嘗思之：詩人之主體心靈，必先有充分內在體驗；進而眼光投向無限時空，透視現象背後。則其對人生、對宇宙之感悟，始克自然流露於平日所聽覽風雨江山得來之詩句中。善哉！王觀堂《人間詞話》曰：「政治家之眼，域於一人一事；詩人之眼，則通古今而觀之。」並摘舉羅隱〈煬帝陵〉：「入郭登橋出郭船，紅樓日日柳年年。君王忍把平陳業，只換雷塘數畝田。」評爲政治家之言；又節錄唐彥謙〈仲山〉：「千載遺蹤寄薜蘿，沛中鄉里漢山河。長陵亦是閒丘壠，異日誰知與仲多？」特許爲詩人之言。而今政客充斥，連具政治家俗眼之言已難覓，更何況眞有詩人高瞻遠矚之正法眼藏者乎！

楊世輝先生字奕文，號寄園居士。一九二八年七月生，江西瑞金人。當畢業江西高師之際，以大局逆轉，辭親從戎，渡海來臺。在新埔受訓年餘，派往金門駐防，達五年之久。一九五六年換防回臺，明年夏奉調龍潭受傘訓，四年後改調臺中訓練中心。一九六九年轉任國防部藝工總隊少校政戰官，其間曾赴國防管理學校受訓，並參加考選部人事行政乙種特考及格。一九七八年奉命榮退，獲頒弼亮、景風甲種獎章暨忠勤勳章。

先生祖上西楊氏，本簪纓世第，人文蔚起，稱瑞邑望族。以資質優異，十歲已知誦《幼學瓊林故事》，嗣從古縣志所選載先賢詩文，自行仿作成清雅可觀之七絕。考入縣立初中，益醉心於唐宋詩詞，蒙前清拔貢謝公拔英啓迪，自是奠定紮實之根基。直至退役後，加入網溪詩社、春人詩社，群賢畢集，鷗鷺忘機；聲應氣求，風騷閒詠。回復三十年前耽吟之樂，遂與詩結爲不解之緣。獲聘中華學術院詩學研究所研究委員後，益見襟度恢宏，詩境高遠，具有王觀堂素所標舉之詩人眼光與見識。作品涵藏英氣，韻致清拔。

今年夏，余以微恙，住院臺大；痊癒返家，得以暫脫塵累，乃逐日校讀奕老前所郵示之《寄園詩選》手稿，並時蒙惠以調養之方。爰贈詩云：「春松居士奕文翁，自選詩篇刻意工。仔細拜觀深折服，《寄園》直欲衍唐風。」經數月之沉潛醞釀，茲依融情入景，詩境清新；喪亂從戎，詩格豪邁；品題詩畫，曲盡其妙；騁懷朗霽，古風蒼渾；要眇宜修，詞旨深婉；審音烹字，屬對精嚴六項紹介如下：

貳、本　論

一、融情入景，詩境清新：

春夏秋冬，四時之景各異；風晨雨夕，人心之感亦殊。此即《文心雕龍．物色》所謂：「歲有其物，物有其容；情以物遷，辭以情發」也。奕老詩齡頗早，今觀其十六歲（一九四三年春）所作〈獅石巖〉

云：「獅巖踞郭東，日出戲鴻濛。朝霞光耀眼，一叱起雄風。」又、十九歲（一九四六年孟夏）所作〈登贛江八境臺〉云：「斗閣凌江漢，風光八面來。山川襟度闊，日月照靈臺。」另有〈過峽山〉云：「峽口贛江頭，山峰迓客舟。片帆風滿載，放棹向虔州。」均能一氣流注，大有古意；慘綠少年，有此筆調，殊爲可觀。

次如〈萬華燈市〉云：「萬華燈海湧人潮，綺靡絃歌雜市囂。寺院空靈禪境靜，指迷風月醉春宵。」頗能對比出艋舺繁華裔圈與龍山寺鬧中取靜之強烈感受。

他若〈南天門〉云：「石徑欹斜識舊蹤，步登千仞未扶筇。南天門外風呼嘯，四顧雲連七二峰。」〈祝融峰登眺〉云：「天南一柱鎮衡湘，絕頂凌空挹斗光。勝日登臨秋氣爽，雪峰雲樹望蒼茫。」則爲回內地登覽所得，在在可見其胸襟及眼界。

另有〈石梯坪觀鯨偶得〉云：「平洋浩渺映藍天，天際雲浮水噴旋。旋起鯨風千丈浪，浪花飛撲石梯前。」石梯坪乃花東海岸景點，詩中以天、旋、浪三字頂真，既巧妙又自然。他如〈關山攬勝〉云：「花東縱谷訪關山，命駕迂迴一日還。景物恢宏溪水曲，峰連海嶽卷雲鬟。」〈蘇花道上〉云：「見說蘇花道，依山傍海灣。紆途生險象，轉瞬墜煙寰。耳際潮聲湧，車穿隧道間。斷崖驚陡峭，畫境出荆關。」花、東地區，景致天然，美如圖畫，難怪詩人要付諸行動，頤養於此。

從上引多首奕老所作五、七言絕句，似乎與余《作詩心法・絕句要訣》中所強調：「用意宜在第三句，斂剛於柔善轉折。含吐不露徽外絃，託寓沉至境界豁。開闔相關正反依，婉曲回環忌空滑。一呼一吸宮商諧，中自紓緩起結截。對仗流動堪藥虛，莫傷板滯貴跳脫。渾成無跡韻肇端，不假雕飾氣機活。揚聲抗節天籟生，高情逸致神飛越。清廟之瑟有餘音，言微旨遠思超拔。」大半皆能顧及。

若夫〈秋謁延平郡王祠二首〉其一云：「摳衣謁拜仰吟哦，拱璧留題感慨多。一樹古梅標勁節，數行豪翰映寒柯。江山計復終遺恨，海國疆開幸逐荷。郡領南明存正朔，晚秋風雨動悲歌。」人、事、時、地、物，無一不切，寫盡滿腔悲慨，深得風人之旨。

至於〈歸夢〉云：「隴頭春曉過前溪，客寄天涯夢竹西。夜半敲窗寒聽雨，更闌孤館臥聞雞。新秧出水青初長，細柳含煙綠未齊。昔別鄉關遙悵望，催歸費盡子規啼。」此詩巧用唐賢鄭谷詠鷓鴣韻，轉而改寫夢中歸鄉之景，遙情遠致，一片神行，眞佳構也。

上引二首七律，似乎又與余《作詩心法．七律要訣》所主張：「七言律重其發端，開闔揚抑謀篇難。如起束放斂喚應，筆意能到得象先。直下倒插匠心運，虛實沉響銖兩斸。頷聯相承頸聯轉，句法句式宜深研。貴能勁健氣渾厚，兀傲磊落登峰巔。對穩事切捶字老，血脈動盪神獨完。歸結有致頭尾顧，變化不拘師唐賢。爲求聲長首句韻，無傷局板隨管絃。境與天會意珠貫，興與境諧情萬千。」偶合之處頗多。故能移情入境，情隨境生；一路寫來，體貼物我，情景交融，清新可誦。

二、喪亂從戎，詩格豪邁：

一九四九年，時局阢隉之秋，楊氏學業初成，以廿二之齡，毅然入軍，賦〈從戎〉云：「喪亂從戎去，渾忘問死生。辭親思報國，投筆豈圖名？撫劍情懷壯，揮戈意氣橫。傾危天塹破，旦夕賦長征。」同年又作〈別神州〉云：「揮手別神州，何當作壯遊？山川猶帶厲，景物賦清謳。去國人紛擾，思鄉自隱憂。師干臨海渡，日暮悵悠悠。」〈夜乘海辰輪東渡〉云：「秋夜月輪高，蟾光照碧霄。汕頭燈火遠，海上斗牛搖，士氣擒狂浪，歌聲抑怒潮。天風涼泛泛，旅夢已迢遙。」國運傾仄，何處是家？海上狂浪，旅夢紛擾，字字句句，動人心魂。

前已言及，奕老曾駐防前線五年餘，戰地金門，儼然已成第二故鄉。因而所撰詩篇，眞情滿溢。諸如〈大膽島戰役大捷〉云：「大膽懸孤島，金門壁壘營。守軍張火網，犯敵湧潮聲。鏖戰星辰黯，清揚曉角鳴。陣中傳捷報，壯烈表英名。」又〈金門什詠〉云：「激戰古寧頭，腥風血雨秋。義師旋奏凱，虎幟表勳猷。」「浯海幻風雲，柳營掛夕曛。清宵騰劍氣，鎮守仗三軍。」寫來情眞語切，彷若親歷。而贈金門防衛司令胡伯玉上將軍詩云：「上將望威儀，胸藏豹略奇。勳名光史冊，秉義率王師。」欽遲感佩之忱，躍然紙上。

抑有晉者，奕老詠金門詩，要以五言爲專擅。絕句前已敘及，今觀其五律，仍然與余《作詩心法・五律要訣》所明言：「起勢崚嶒收整密，中聯警策饒精神，三四勻稱五六挺，包涵萬象能屈伸。當緩當急善斟酌，變化自如氣渾成。結或放開或宕出，本位收住步可循」之觀點一致。由於詩人秉性溫厚，忠於黨國；發而爲詩，故能有雄奇豪邁之高格調。

三、品題詩畫，曲盡其妙：

奕老三十載軍旅生涯，自然使其面對每飯不忘、終生難釋之南宋愛國詩人陸游，特爲景仰，因而撰〈讀劍南詩選有感〉云：「少讀兵書空悵望，放翁垂老未揮戈。朝餐野藿沾餘雪，夜夢王師暗渡河。宋室衰微情激憤，中原淪陷氣消磨。劍南詩格臻豪邁，一卷千秋律鎮魔。」頗能藉放翁不可磨滅之滿腔孤忠憂憤，盡情來渲洩一己之塊壘。文字樸實，情意眞摯，極富藝術感染力。

有宋一代之大文豪蘇軾，既是詩人，又爲書畫家，其題畫詩，既多且好。嘗推崇王維「詩中有畫，畫中有詩。」余在《詩藝五論・聲情論》中，亦有句謂：「詩乃無形有聲畫，畫是無聲有形詩。規律重複成節奏，予人快感長短宜。」今覽《寄園詩選》，有〈讀范寬谿山行旅圖〉云：「雄奇筆墨異荊關，淡靄餘暉映巨山。峭壁危崖垂白練，一行商旅出林間。」詩中讚范寬畫作雄偉峻奇，與五代時兼融吳道子、項容長處而自成一家之荊浩，及好作秋山寒林之關仝，筆路有別；二至四句僅憑廿一字，巧將圖景活現紙上，洵斲輪老手也。

又〈讀明人周文靖雪夜訪戴圖〉云：「寒夜行舟雪映空，蓬窗靜透一燈紅。子猷訪戴乘佳興，歷覽溪山畫境中。」此詩直探畫作構思之源頭，大致已將劉義慶《世說新語・任誕》：「王子猷（徽之）居山陰，夜大雪，眠覺，……忽憶戴安道（逵）。時戴在剡，即便夜乘小船就之。」等情境道出，能曲盡其妙。至於「經宿方至，造門不前而返。人問其故，王曰：『吾本乘興而行，興盡而返，何必見戴。』」則因字數所限，讀者儘可自行想像。

四、騁懷朗霽，古風蒼渾：

余嘗撰《作詩心法・古風要訣》云：「古詩莫善十九首，魄動魂驚字千金。上探國風兼楚騷，博物裨思先洗心。寧拙毋巧樸而實，渾厚蒼老語深沉。發端突兀噴薄出，中間翻騰淪粼粼。層層緊逼浪濤作，起伏頓挫還屈伸。收處跌宕重寄託，指顧自如堪長吟。首尾停勻腰腹肥，意在律前陳出新。一唱三歎截便住，舒徐奇正良有因。迢遞險怪力無跡，發揚蹈厲撐拓頻。長篇橫鋪短紆折，一氣貫注章法尋。五言選體冀爛熟，騁才議論反傷薄。七言波瀾壯且闊，大開大闔自起落。氣足神旺詩格高，一韻到底綴珠玉。奇崛之中聲光迸，字活音亮不庸俗。想落天外局變生，驅走風雷撻海嶽。白也飄逸甫沉雄，坡翁放曠獨超卓。窺韓凌謝追東阿，善學神合固所欲。」

今按奕老〈壬午上巳感賦廿一韻〉云：「天馬自空來，曆紀壬午歲。海嶠樹含滋，陽明春旖麗。靄靄華岡雲，釁軒挹嵐翠。研所萃耆英，雅詠涵六義。先哲立風標，格調臻高致。感發尙靈奇，旨趣分美刺。駒光去駸駸，節物識榮悴。求友自嚶鳴，酬侔猶氣類。神舟號飛船，馳名炎黃裔。地震撼蓬瀛，樓傾厄驚悸。廟堂陷紛爭，問政歧難濟。國策乏善陳，新手遭疑義。百業日蕭條，生民苦含淚。引睇南風琴，解慍登郅治。詩教化淳風，詞采韞深意。大雅軼扶輪，壇坫式芳思。妙供列天廚，景從頻鼓吹。晉賢集蘭亭，觴詠事修禊。遺跡書道傳，翰墨珍遒媚。占韻贊人文，慨慕心遠寄。接席美東南，騁懷期附驥。」此乃二〇〇二年春，中華學術院詩學研究所上巳雅集天廚菜館，余特用紅宣紙書：「中華民族歷代詩人之神位」，高懸會堂，引領全體委員行禮如儀，同時並宣讀東吳大學陳松雄教授所撰敬祀文。奕老是詩即記此一盛會，讀來渾厚樸實，寄託深遠，眞有心人也哉！

又〈霜茂樓詩草讀後敬次川陜驛舍瑤韻〉云：「畫師胸次蘊丘壑，幾度春暮巖花落。行程計越秦隴險，驛舍孤燈異藜閣。客中風雨總關情，遠岫林巒雲自橫。時艱策馬辭故闕，江山萬里豪氣生。回首蒼茫望遼北，鄉關灰暗如潑墨。才高挺秀書逸少，書畫境融幽徑仄。急促琴聲卻小寒，東來釆筆寫蓬山。藝苑展卷稱三絕，生綃點染水雲間。海嶠空靈衆爭仰，樓署霜茂光霽朗。上庠敷教瞻雅望，卓著鴻詞抒懷想。滿園桃李映朝暉，座閱流珍興遄飛。屏書巨幅丹青引，翰墨揮灑益淋漓。」四句一換韻，平仄相間，開闔自如，與吾一向所持紆折舒徐，收放自如之詩論；以及《詩藝五論・意境論》所稱：「境生於象超乎象，能從地飛天而上。恰似水珠化成雲，魅力萬千憑幻想。」似亦可移來此處以評之也。

五、要眇宜修，詞旨深婉：

在余所撰之《塡詞要訣》中有句云：「陰柔內斂詞隱伏，細膩纏綿往來復。……虛字盤旋貴承轉，領下托上能始終。開合旋折重呼應，想像層深天地容。小令如絕長歌行，敘事摹景情兼融。前結若奔馬收韁，往而不往形勢同。恰似車過十字路，略加減速隨時衝。後結要泉流歸海，有餘不盡音無窮。清新婉脆彌雅澹，輕盈眞切神獨鍾。沉而不浮鬱不薄，義兼比興情厚濃。聲情相稱物相感，氣格自天鯨吸虹。韻致流轉渾成甚，託旨遙深雲中龍。語豔色鮮雋味永，語苦情眞豪華庸。豔勿猥褻雋忌纖，粗俗可免氣清雄。癡不怪誕苦無怨，境界高出千萬峰。……要眇宜修特質備，珠圓玉潤藏於胸。」

揆諸奕老所塡〈瑞鶴仙〉詞曰：「海天開壽宇，看雲霞凝采，春暉和煦，蓬山頌仙姥。值芳辰令旦，光騰瑤圃。昔籌樽俎，力匡扶、才驚華府。歷艱危、闔輔元戎，懿範風儀稱許。　爭睹，瓊州人瑞，名耀寰中，藝林翹楚。星輝宿婺，懷慈愛、振旗鼓。感賢能宣導，撫安營建，澤被遺孤眷戶。喜騷壇、慶祝期頤，盈觴共舉。」以條拗滉漾之高平調，塡寫壽詞，恭祝　蔣宋老夫人百歲華誕，字斟句酌，典雅工緻，極見用心之誠。

又〈風入松〉詞云：「登臨覽勝遠塵氛，步履印苔痕。晚秋草木猶蒼翠，供騷客、倚坐霜根。竹籟珠泉澹慮，梅枝玉蕊含芬。　重陽話舊酒盈樽，離亂久難論。關山萬里西風冷。唳鴻雁，極浦遙聞，隱約龍山靄靄。倏然思入〈停雲〉」此係詠丁丑（1997）重九詩研所雅集之勝況，敘事摹景，情意纏綿，韻致流轉，有餘不盡之妙。與我平素所揭舉之詞論，頗能相契。

六、審音烹字，屬對精嚴：

古人學作文章之初，必從屬對始；而奕老少時熟誦《幼學瓊林故事》，即深植審音烹字之基。余在《詩藝五論・意象論》曾謂：「通過對偶意象接，時空跳越亦妥貼。宛如橋梁能渡多，自由馳騁不用楫。」今觀其《寄園詩選》五律、七律之頷聯或頸聯，如：

號角迴空谷，旌旗指遠峰。〈筠門嶺〉

林間無井灶，谷口有人家。〈次宿荒砦〉

燕雲侵嶺表，雁影掠江城。〈駐安埠〉

一百年間名父子，三千里外故山川。〈太岳詩草讀後〉

七子高吟秦塞月，九儀參拜漢衣冠。〈秋懷八首其三〉

百年離亂風塵老，一夕驚疑歲月更。〈秋懷八首其八〉

去國庾郎思故闕，傷時杜老望京華。〈白露念神州〉

三原翰墨呈文采，一代勳名蔚國光。〈草聖詩豪〉

悅耳松泉流逸韻，沾衣竹露散明珠。〈山行有感次韻〉

雪景渾如摩詰畫，詩情恰與牧之分。〈次和君潛日本賞楓〉

上舉五言聯句，均屬奕老軍旅生涯寫照，乃部隊轉進途中所經歷之情形。而信手拈來之七言聯句，則七例中數字對竟佔有四副，雖屬巧合，然亦可見其工於此道也。

參、結語

《詩》爲六經之首，詩可以興、觀、群、怨，有潛移默化心性之功；孔門詩教乃君子人格不容或缺之精神向度。在面臨東西方人心迷失、價值危機、意見紛歧，於今爲烈之世俗化趨勢中，可以救人心、理情性之詩學、詩教，更有待於昌明與宏揚。余多年來即撰文呼籲，幸獲奕老等人鼎力支持，今藉作序之便，再次發聲，並特別援引元遺山〈陶然詩集序〉之名言：「詩家聖處不離文字，不在文字；唐賢所爲，情性之外不知有文字云爾。」所謂「不離文字」，係指詩人須藉表達力有限之語言文字來創造無限豐富之藝術境界；所謂「不在文字」，則指詩歌之意旨遠超乎其字面意義，詩人所用語言並不拘於社會通行之範式。謹以此與奕老及所有愛好詩歌之大老及友朋共勉。最後另以〈浣溪沙〉詞一闋，概括吾研讀之心得云：

贛水蓬山盡入詩，少時文苑見英奇，陸沉桴海有鄉思。

戎馬半生勳早著，禪機一瞬道潛滋，洄瀾養靜性天窺。

中華民國九十七年十月十九日吉旦

蘭陽修平　陳冠甫序於臺北市大安區龍泉里心月樓

寄園詩選序

胡傳安

吾贛鄉賢楊世輝先生，字奕文，號寄園居士，江西瑞金人也。世代書香，稟性穎悟，少習詩文，畢業於江西省立高師。神州蒙塵，投筆從戎，慷慨救國，力圖報效。服役軍旅卅載，屆齡榮退，潛心典墳，參悟釋氏，尤耽吟詠，欲振江西一派之詩風，弘揚風雅之聖教。先生歷任詩社理事，秘書長，詩苑編校，並倡立風義師友會，以宏風教。先生曾先後榮獲香港孔聖堂徵詩優異獎，「李杜盃」詩詞大賽佳作獎，民國七十八年並榮獲全國優秀詩人獎。曾刊行壽花念母詩集，春晴唱和集，寄園詩草諸作。民國八十六年並獲聘中華學術院詩學研究所研究委員。大作並入選當代百家詩詞鈔、歷代五（七）言律絕詩精華、中華詩藪等選集，有聲騷壇，傳唱兩岸。

文心雕龍明詩篇云：「大舜云：詩言志，歌永言，聖謨所析，義已明矣。是以在心爲志，發言爲詩，舒文載實，其在茲乎？詩者，持也，持人情性，三百之蔽，義歸無邪，持之爲訓，有符焉爾。」而奕文先生於寄園詩草曾云：「今之詩人務求捷得，不從性情法律處下手。」又曰：「故爲詩者，舉天地間一草一木，古今人事，國風漢魏，乃大至聖教經藏，皆得融於胸中，行之筆下。」又曰：「詩貴自然，如雲因行而生變，水因動而成文；有不期然而然之妙。」又曰：「故學詩，先學道，學道則性情正，性情正則原本得。」又曰：「導由性情法律著手，品論精富。明示學道爲先，正符詩教本旨。」與明詩所論，若合符節，。故先生之詩，根基深厚，乃由性情修爲著手，絕非向壁虛構，無病呻吟之輩能望其項背者也。

回首民國八十六年，中華詩學研究所所長張公定成聘筆者爲研究委員兼秘書長，奕文先生亦應聘爲研究委員，於關渡玉皇宮雅集初會，先生以「高陽臺」榮登選詞組特優第一名，詞宗張以仁教授評曰：「屬詞大雅，氣象萬千。」記憶尤深。未幾蒙贈寄園詩草鴻著，拜誦之餘，無任欽遲。近歲先生移居花蓮壽豐鄉，遠離塵囂，徜徉洄瀾佳山秀水之間，效先賢陶淵明退隱於春松居，焚膏繼晷，披閱百家之篇；靈修五蘊之典；鑽研岐黃之術，神交萬古，寄情天地之間，每以吟詠自娛，亦以傳承詩學自期。

先生潛心詩學，自少至老，長達六十五載，客歲末，將生平詩作，重新整理，費半載之時光，精選六百九十五首，名曰「寄園詩選」。舉凡五、七律絕，與夫古體（風）詩餘聯句，體例咸備，亦皆兼擅。格律森嚴，章法綿密。無論鍊意凝思，吟詠性情，摹物寫意，清新雋雅。觀其十五齡之獅石巖詩：「獅巖踞郭東，日出戲鴻濛。朝霞光耀眼，一吼起雄風。」筆鋒老鍊，可見先生詩才天縱，成熟早慧，頗有「會當臨絕頂，一覽衆山小」之勢。選集中吟侶唱酬之作頗多，因翰墨因緣而締交當代之吟壇巨匠，詩界方家，而收以文會友、切磋琢磨之效，而詩藝益醇。自兩岸交通，先生遍遊神州名山大川，古蹟勝景。讀萬卷之餘，復行萬里之路，而詩境益闊。先生所吟詠之內容歸納之計有：詠物、感時、思親、懷鄉、敘事、抒懷、軍旅、戰陣、旅遊、寫景、詠史、題畫、贈答、頌祝、聯吟、雅集、步韻、哀輓諸作，風格多元，含蓄周全，兼具陽剛陰柔之美。如金門諸詠，節奏分明，鏗鏘有力。軍旅諸什劍氣如霜，筆有風雷，此陽剛之美者也。如白露念神州、夏夜聽雨……諸作，則具陰柔之美者也。山水諸作有王、孟遺韻，已臻詩畫之境界。詠懷諸篇，師法少陵。統而言之，先生諸作具山谷之鍛鍊；後山之苦吟；白傅之平夷；臨川之工密，融合衆長，而蘊自我之風貌，並富時代精神。如「凱道怒火」三十六句，一氣呵成，一韻到底，鋪陳有序，達風人之旨，有「詩史」之風範。生活與詩作合而為一，既能承先亦能創新，可為江西詩派之傳人。

先生允武允文，亦儒、亦釋、亦醫。年登大耄，精選所作，興會淋漓，自壽亦以壽世也。大作問世，必將光耀騷壇，騰聲士林，扢揚風雅，薪傳詩教，厥功甚偉。拜讀先生親繕之原稿，墨澤猶新，行間字裡，神采屢現，感佩無既。鴻著即將付梓，先生命筆者為序，余才疏學譾，豈敢言序，然忝為鄉末，未敢方命，謹就拜誦瓊章之心得，爰綴數語，藉表欽敬祝賀之忱。

中華民國九十七年戊子夏月　胡傳安寫於內湖聽竹軒

奉題楊著寄園詩草

製錦清才

朐陽方子丹

（原著題詞選載）

一腔忠愛出毫端逸韵渾
如九畹蘭鑄句功同天下
匠詩心元不負儒冠
奉題寄園詩草
梅盦廖從雲時年八十有一

（原著題詞選載）

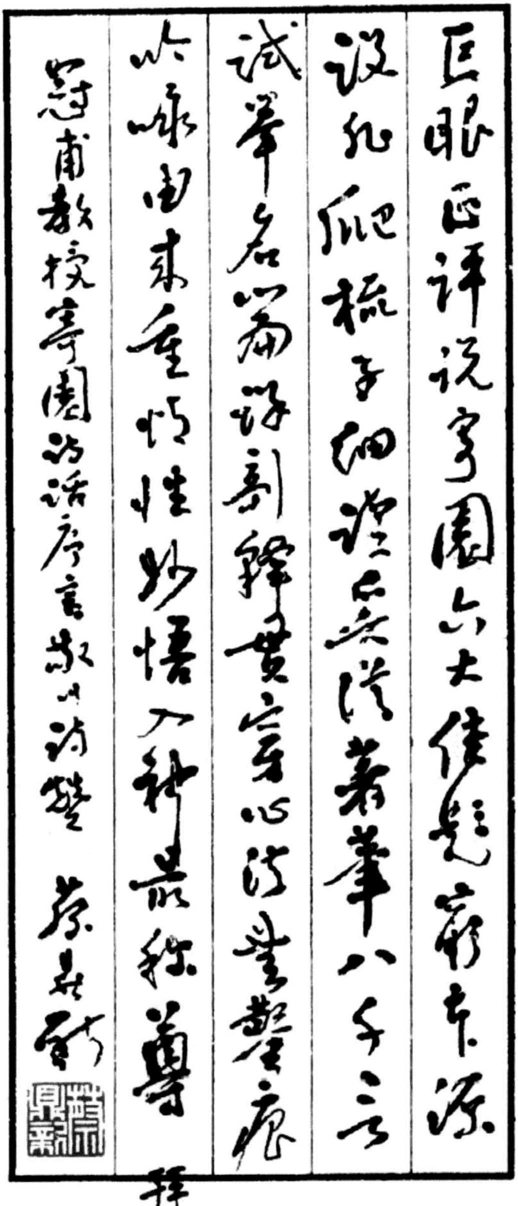

巨眼正評說寄園　六大佳題窮本源　設非爬梳子細讀　奚從著筆八千言

試舉名篇詳剖釋　貫穿心法無鑿痕　吟詠由來重情性　妙悟入神最稱尊

冠甫教授寄園詩話序言　拜讀　敬以詩贊　蔡鼎新

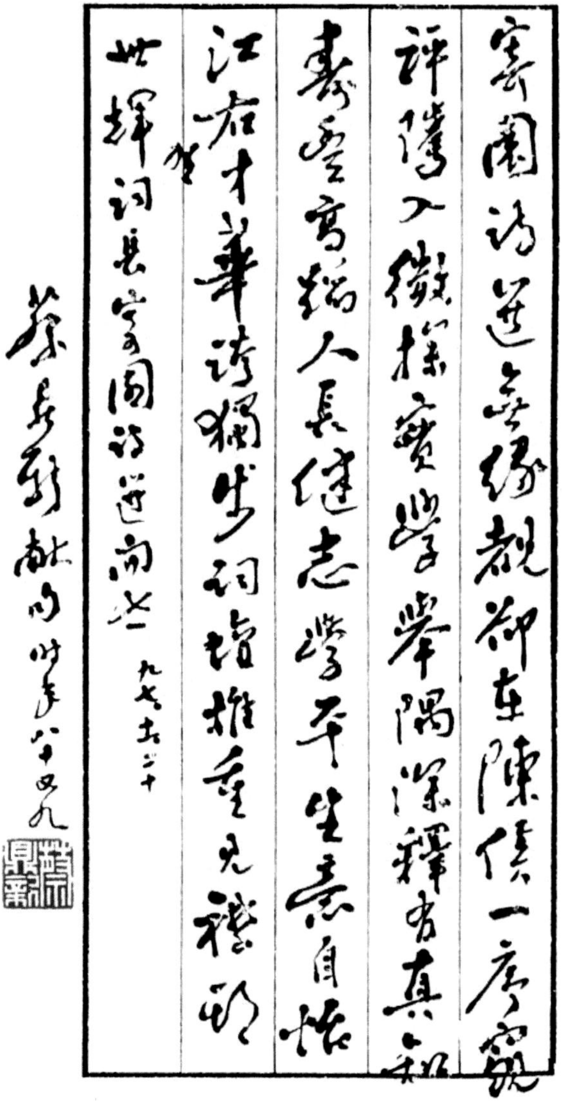

寄園詩選無緣覩　卻本陳侯一序窺
評騭入微探實學　舉隅深釋有真知
壽豐高蹈人長健　志學平生意自怡
江右才華誇獨步　詞壇推重見襟期
賀
世輝詞長寄園詩選問世　九七五二十
蔡鼎新獻句時年八十又九

寄園詩選無緣睹　卻本陳侯一序窺　評騭入微探實學　舉隅深釋有真知
壽豐高蹈人長健　志學平生意自怡　江右才華誇獨步　詞壇推重見襟期
賀　世輝詞長寄園詩選問世　蔡鼎新獻句時年八十又九

讀冠甫教授《寄園詩選序》有感

江蘇九三叟楊秀峯作

寄園詩獲明師序　價重雞林動兩京
博士才名高八斗　奕文歌詠廣佳評
人稱心法真相契　我仰風情本自成
倚馬萬言書立就　妙能筆點老龍睛

冠甫教授《寄園詩選序》讀後二首

湖南八八叟夏國賢作

博士情能隨筆下　犀憑一點忽然通
胸中錦繡天來大　月旦評章老輩崇

其二

瑞金耆宿寄園翁　得序八千心感篆
紙貴洛都言不虛　士林從此尊詩選

寄園詩選 目錄

卷一 五言絕句

卷二　七言絕句

卷三　五言律詩

卷四　七言律詩

卷五　五言古詩

卷六　七言古詩

附錄一　詞選

附錄二　楹聯

附錄三　歷年應徵（參賽）入選作品彙輯

寄園詩選卷一　五言絕句

瑞金　楊世輝　奕文

獅石巖　民紀卅二年癸未春

獅巖踞郭東　日出戲鴻濛　朝霞光耀眼　一吼起雄風

登贛江八境臺　民紀卅五年丙戌孟夏

斗閣凌江漢　風光八面來　山川襟度闊　日月照靈臺

註：上列兩首屬少年詩作

旅泊

旅泊聞孤雁　征人遠憶家　秋深霜鬢白　老父望天涯

註：己丑秋軍旅東渡之初夜泊基隆港感賦。

金門什詠十首選七

壁壘憑天險　威神太武山　金城聯列嶼　虎視廈門灣

戰略圖形勢　將軍瀝膽肝　莒光樓眺望　指顧靖安瀾

火網星羅布　機藏號令行　干城鋒鏑銳　夜戍鬼神驚

激戰古寧頭　腥風血雨秋　義師旋奏凱　虎幟表勳猷

浯海幻風雲　柳營掛夕曛　清宵騰劍氣　鎮守仗三軍

曉角聲嘹亮　鐃歌正氣揚　健兒齊帶甲　守土固金湯

喊話煽輿情　馬山巾幗英　文宣心戰士　播唱振天聲

胡公伯玉上將軍

上將望威儀　胸藏豹略奇　勳名光史册　秉義率王師

註：公昔領軍抗日，戰功彪炳。曾任陸軍第十二兵團司令。已丑大局逆轉，率師渡海駐此，膺任防衛司令，指揮若定，一劍安瀾。

壬辰秋節金門勞軍晚會紀盛二首

樂奏麗聲迴　名姝舞將臺　金門秋夜靜　鼓盪鬱風雷

獻藝酬佳節　陣中衆口誇　勞軍心愛國　麗質媲山花

註：上峰徵選山地歌舞團，授旗抵金，巡迴表演，至爲精采。

吳公亭頌

時中樞於金門水頭，爲黨國元老，武進吳稚暉先生，建水葬紀念亭，以供憑弔。

御筆題碑石　斯亭壯海隅　延陵千古道　翊贊啓雄圖

註：延陵，季扎受封地，古屬吳郡，即今武進縣治。高教授越天先生題句：「吳亭奕奕垂千古、正氣高風炳日星，云爾」。時維癸巳（民紀四十二年）冬月。

義士

厭戰奔鄰國　輸誠向自由　血書呈一義　萬衆待歸舟

甲午思往跡

甲午臺員棄　遺民血淚新　百年思往跡　忍見海揚塵

註：民紀四十三年（甲午夏月）有感成詠。

田家樂

農家均有田　美政感臺閣　普霑雨露恩　歲稔歌長樂

註：客歲（甲午夏）頒布實施「耕者有其田」政策。

讀秋聲賦二首

廬陵憫物情　惻惻賦秋聲　妙筆傳清韻　空靈萬籟鳴

四野秋蕭瑟　清宵露氣侵　寒蛩聲唧唧　掩卷感難禁

敬題萱壽圖

——爲編印壽花念母詩集而作——

石側萱花麗　天涯倦鳥歸　瞻依孺慕永　妙筆寫春暉

註：圖爲邵幼軒教授所繪采墨精品。

桂月

桂花夜飄香　秋月光皎潔　蟾宮望高寒　率爾詠佳節

木芙蓉

玉質淡紅妝　西風透水涼　小詩題倩影　綽約沐秋陽

屈原

白日昭忠藎　青天愍郢哀　離騷精魄見　曠古一奇才

登七星山

海嶠翠浮空　登臨興不窮　七星環秀色　倚杖嘯天風

管仲

敬仲才能濟　相齊霸業成　行仁兼尚義　管鮑重平生

賈誼

策論資宏遠　天憐賈誼才　長沙淪謫宦　弔屈自銜哀

季扎

季扎有賢名　資深歷上卿　使君風義重　掛劍拜徐塋

泰伯

至德隱其名　襟懷泰伯閎　古賢今罕見　慨念托遙情

白露念神州

白露千山冷　西風萬里秋　夜空無雁影　蕭瑟念神州

過淡水紅毛城

淡海風雲靖　紅蕃去不還　砲臺遺跡在　霸業墜煙鬟

鄒侯

古道崇明德　羈懷效鄒侯　芸窗書作伴　展讀勝營求

中山樓

傑閣矗名山　堂皇耀宇寰　儀型尊聖哲　瞻仰海雲間

華夏三首

聖哲傳王道　中山間氣鍾　志懷思睿略　鼎革秩朝宗

中原頻戰亂　水火陷黎民　漢幟揚東渡　長歌海國春

大道行天下　仁民禮義崇　龍迎新世紀　華夏首稱雄

歲朝國樂欣賞

笙簫清吹引　雅韻和琵琶　樂府春連曲　悠揚感歲華

登故邑雲龍橋亭

石拱津梁壯　雲龍氣象雄　登亭山挹翠　與子共臨風

綿江詩社成立喜賦二首

瑞邑人文盛　昔賢風雅揚　綿江詩濟美　缽韻水雲長

社讌喜逢春　花開景運新　高樓群彥會　詩酒醉芳辰

寄懷駱昌蘭學友

歲月催人老　稱名憶舊容借句　故園荒徑冷　夢寐覓遊蹤

小密　會昌通雩都關口

古驛通都邑　往還關隘臨　少年投宿處　旅夢幾重尋

貢江行

煙雨杏花天　貢江乘客船　米家山水境　欲畫妙難傳

三門灘

貢水三門險　灘聲壯客行　篙師身手健　唱歎足豪情

過峽山

峽口贛江頭　山峰迓客舟　片帆風滿載　放棹向虔州

註：上列四首屬少年詩作。

感舊

感舊懷親友　音容客夢縈　故關思昔別　悵望白雲橫

廬山

匡廬景象奇　瞬息煙雲變　五老亙古參　未見名山面

註：五老係廬山峰名。

題觀瀑圖

一老松陰坐　靜觀飛瀑流　蒼崖懸匹練　淡靄澗中浮

題淇園雪竹圖

石畔琅玕影　猗如鳳翼垂　寒籠淇水曲　雪映月明時

朱位本學長惠書墨寶賦謝

大筆精飛白　雄渾氣勢殊　感君書造詣　惠我如意圖

世信宗兄著「苦難的日子」讀後

歷難興家業　雍容孝友崇　耄年松柏頌　德纘古宗風

題世祥宗弟畫飛鷹圖

水墨涵神韻　筆參造化工　凌霄標健翮　顧目起松風

石門　花蓮東海岸景點

石門臨海東　遠望滄波渺　雲氣幻奇峰　飛旋羨鷗鳥

片雲

片雲浮嶺端　海涯暮山紫　展讀古人書　客窗燈照綺

蘆溝月

一片蘆溝月　今猶照水流　燎原烽火起　七七紀從頭

冬夜讀史二首

歷覽興亡跡　寒燈照古今　了知瓜味美　未解故侯心

治亂觀朝政　燈前史鑑明　春秋嚴筆削　褒貶肅霜清

緣會

緣會融情景　良宵一放歌　娟娟天上月　照我嶺松阿

山居

山居秋晼晚　喜見故人來　客至光蓬蓽　重陽互舉杯

夜讀

夜讀寒窗下　燈前晤放翁　中原吟望苦　擊節一詩雄

春遊

瀛東聚鷺鷗　勝日賞春遊　頓覺韶光老　花嬌笑白頭

初嚐新

三春滋雨露　箭竹筍參天　上市行銷快　嚐鮮薦酒仙

三仙台

三仙遺古蹟　東岸立荒臺　遠駕尋芳躅　臨風逭暑來

四川震災

巨震驚天地　災情及陝甘　汶川傳浩劫　搶救陷難戡

寄園詩選卷二　七言絕句

瑞金　楊世輝　奕文

柳迎春

東風拂拂柳迎春　陌上花開歲序新　日暖黃鶯飛出谷　啼聲婉囀贊芳辰

春草

三春雨露霑天澤　碧綠芊綿意盎然　少慕芳貞懷古道　風行處處仰高賢

歸燕

上列三首，係少年詩作錄存。

日暖茅簷紫燕歸　故人猶羨舊烏衣　春深花雨繽紛甚　意沾芹泥比釆薇

臘梅

衝寒破臘探春訊　靜供清齋破寂寥　閱歷星霜人易老　孤山瘦影仰風標

紅梅

一樹寒梅任曉風　瓊姿韻勝玉玲瓏　亭亭冷艷矜春色　未許凡花映雪紅

古渡

楊柳渡頭望寂寥　一篙煙雨話漁樵　風波旦夕江行險　調寄清詞續古謠

庚午立春訪龍頭山房呈文老

歲寒梅綻吐清芬　占韻迎春酒半醺　一水網溪流日夜　客來閒似遠山雲

迎春偶成

江城春色自天來　喜見韶光錦作堆　博得東皇眉目展　萬山含笑百花開

新柳

雲和一曲奏陽春　柳色青青物候新　掩映青山如舊識　隨風迎送渡江人

江鄉

海天迢遞倚岑樓　四月江鄉憶舊遊　貢水雩山青入畫　灘聲送客下輕舟

神州客詩詞巨著讀後

曲江風雅繼先賢　俊逸高才著錦篇　自署神州襟抱闊　卓弘詩教道心傳

寄贈廣州詩社次韻

客老霜華兩鬢侵　長懷故國白雲深　海珠群彥情豪邁　百粵昌詩壯雅音

秋日登廬山

匡廬疊翠瀑爭流　五老陵蒼浩蕩秋　欲叩禪扉攜謝屐　迴崖沓嶂白雲浮

古神州

晴煙九點碧空浮　爰引興懷凝遠眸　壯麗山川時嚮往　遐思夢寐紀神遊

泰岱

泰岱鍾靈矗海東　聖人嶽降啓鴻蒙　天迴日月盤胸際　仰望巍巍氣象雄

夷陵峽

峽流湍激看飛艭　峭壁蒼崖湧急瀧　險要夷陵驚鎖鑰　古今爭戰控長江

衡嶽秋暝

古寺楓林葉落階　泉聲磬韻動吟懷　秋來不盡登臨意　暮踏疏鐘渡水涯

庾嶺探梅

驛路盤登探早梅　嶺南枝上報春回　曲江遺澤清芬永　凝似詩心映雪開

彭蠡即景

湖口江流一線分　枌榆父老話遺聞　匡山翠影浮仙履　日夕爐岑靄靄雲

荊門晚眺

山川幽邃望蒼茫　野老寒喧話夕陽　點點歸鴉棲古樹　豈知人世歷滄桑

洞庭湖泛舟

放棹隨波過洞庭　問君何處弔湘靈　嶽雲攜雨鮫綃透　掩映湖山一點青

赤壁懷古

軸艫一炬付東流　霸業成空史跡留　故壘鷹盤餘赤壁　嘉魚江北白雲悠

紀遊漓江遇雨

峰巒倒映碧江潯　驟雨飄瀟若鼓琴　盪漾輕舟行畫境　醉翁乘興扣舷吟

騷風（限先韻）

騷魂黯繞楚山川　淚影心聲一卷傳　沅芷湘蘭懷令節　更無詩句動遙天

黃鎮中烈士紀念冊讀後

翰書草蹟氣縱橫　欲挽乾坤劍有聲　一片丹心光史冊　翠微風雨鬼神驚

方教授子丹惠貽墨寶賦謝

閣臺儒雅席流珍　行草如雲筆有神　妙手鎔裁涵博洽　書貽拱璧足清眞

荊園老梅花百詠題後

雅擅丹青筆一枝　梅花百詠格清奇　閩江崛起聲華壯　水月澄明照畫師

乙丑歲暮感懷五首錄三

風鳴歲暮湧寒流　玉饌焉知凍餒憂　渭北江南冰炭抱　吟懷百感寄綢繆

深山積雪釀寒雲　市井頻傳詫異聞　制敝端由消蠹惑　風行雷厲靖塵氛

冬餘雪霽映簷端　展誦詩書度歲寒　寂寂長空無雁影　小樓朱竹報平安

詠神木

參天贊化歷星霜　屹立深山勁節蒼　巨幹年輪涵樸質　引風吟嘯白雲鄉

人日

每值靈辰繫我思　冬青樹挺歲寒姿　故園風物羹湯美　品味沉吟鬢已絲

花信

小寒梅綻占春先　次第芳園百卉妍　廿四番風花有信　裙簪俊賞惜華年

春耕吟

春田布穀鳥催耕　隴畝時聞叱犢聲　往復扶犁蓑笠手　寒風細雨任縱橫

永和春禊（龍頭山房）

永和觴詠競芳新　攜酒登樓禊暮春　老宿平居光霽朗　恭覘韻事筆通神

江亭晚興

獨坐江亭倚晚晴　斜陽一抹柳風輕　圓山秀出塵囂外　古寺疏鐘隔水鳴

暮春懷歸

晚晴風起楝花飛　忽憶江南客未歸　日暮鵑聲啼不住　故園西望立斜暉

初夏雅集

清和雅宴及時開　玉蕊飄香共舉杯　倚檻臨風人欲醉　花前乘興句新裁

月下吟二首

海上秋高夜氣清　臨風望月照蓬瀛　吟成七字酬師友　共醉良宵斗柄橫

清秋夜靜獨憑欄　海國風高感百端　擊節長吟頻北望　月光如水劍光寒

鴻雁吟十首（聯韻）

海天迢遞一孤鴻　奮翅滄溟縱曉風　飛渡關山行避繳　雪泥留爪印深衷

衡湘何處覓高蹤　望斷雲橫七二峰　應候南迴憐楚客　不堪秋雨泣寒蛩

引睇修篁誦涉江　紉蘭芳館月臨窗　秋邊日夜風蕭瑟　荻岸歸來儷影雙

覓食銜蘆正值時　春江曲岸綠參差　飛鳴戲逐煙波暖　信宿遷栖展翼隨

凌空整陣自相依　引企天涯倦羽歸　點墨翻雲疑夢影　翛翛遵渚逐霞飛
塞外高風傳漢節　澤中知友獲翰書　亂離嗟失靈禽使　遠役人難慰倚閭
天生健翮勝沙鳧　羨爾知音賦蜀都　一舉高飛橫四海　聽歌鴻鵠倩人扶
鳥篆渾成人贊歎　書空一字與雲齊　雝雝掠影江潭過　立盡斜暉忘品題
客寄何當遣鬱懷　金風玉露冷空階　月明琴瑟彈清怨　聲斷衡陽碧水涯
一望瀟湘霜露白　平沙遠浦繞江隈　葭飛六琯催詩興　小至占吟鴻雁來

閒雲

閒雲出岫本無意　嶺樹蒼蒼自風致　飄泊天涯暢遠襟　奚囊靜貯煙霞思

秋思

西風海客觸秋思　廬墓荒夷草木悲　入夢松楸霜露冷　鄉心日與白雲期

讀故邑銅鉢山圖刻本

鉢嶺崔嵬峙邑西　千年古寺俯雲低　依巖寶殿開靈境　泉韻松風入品題

夏塘吟

母攜稚子袖襟香　拂面薰風過夏塘　菡萏鮮妍紅綠映　云將採摘製衣裳

萬壽菊奉寄林荊老

秋來把酒賦東籬　晚節清芬得句奇　菊蕊霜華徵壽相　芥樓高會挹芝眉

庚午除夕喜雨

歲闌燈火照城闉　夜雨飄瀟滌垢塵　漏轉更殘雞報曉　梅花占韻頌新春

寧社春宴龍翔樓奉和王社長元韻

擬贊春王韻喜平　龍翔讌敘故人情　九樓燈火凌霄漢　得句渾忘斗柄橫

奉和白翎詞丈憶江南元韻

春風拂柳映晴嵐　日暖鶯啼夢半酣　憶昔裁詩無那好　畫樓人醉住江南

種玉詩家嚶鳴江南行佳什見示

鷗鷺嚶鳴引興長　羊城過訪轉蘇杭　客星船載秦淮月　一路風歌獨擅場

蓀園逭暑

蓬萊曲徑入深林　畫閣陰濃暑不侵
靜賞園花無俗韻　涼生松柏發清音

北郊閒居三首

衡門拙適賦閒居　天地涵濡氣象舒
慨念前賢微卜式　寒窗夜讀古人書

沉思沮溺識行藏　斗室潛修悟晦光
仰慕孔顏眈一樂　雞鳴風雨袖生香

情歸澹泊遠紛華　寂照空靈興未賒
擬對南山酬夙願　清吟萬籟煮新茶

曾了翁八秩晉一華誕

了翁才贍若詩仙　譽冠台陽著錦篇
八一弧辰花醉客　茶山宿望曜南天

敬次磊翁憶故山元玉

峰巒迤邐遠含青　夢繞淮南倚古亭
山水知音翁自醉　高吟逸韻故人聽

詠懷故鄉十首錄七

書閣岐屏筆架山　詩情舒卷白雲間
水箋題向龍珠塔　未賦石門辭故關

昔登城闕攬芳洲　綿貢雙江繞郭流　學苑崇祠增氣象　蕭蕭楊柳引清謳
試詠良宵水一方　少年逸興遄飛揚　清風難遣參商意　望月思鄉髮已霜
獅巖旭日雙江月　勝景縈懷自昔年　曖曖桑榆垂薄暮　兵塵歷亂舊風煙
遠役天涯海內驚　尊親老病暗吞聲　何年遂我還鄉願　好率兒孫拜祖塋
西望石門通楚荆　嶙峋峭拔氣崢嶸　松雲蓊鬱山迤邐　古道迢迢萬里情
慨然行役歷滄桑　景物依稀憶故鄉　貢水龍山縈客夢　夜闌明月耿秋光

贈白翎詞丈一首

一片詩心照水犀　春回柳色綠雙谿　渡江雲影桐城月　待展花箋入品題

初夏喜恕忠道長駕至二首

小軒新綠映榴花　几淨窗明待煮茶　客過蓬廬光照座　感君燈釆飾豪華
晤言登覽伴君行　路轉峰迴眼乍明　隘嶺雲連喬木處　胸懷灑落故人情

註：隘嶺：係福建長汀，與江西瑞金之界山——分水嶺，亦稱閩嶠。

卓蘭訪友

步經東勢繞山溪　一路看花聽鳥啼　已過君家幽徑外　荔園回首石橋西

寄懷張其彬詞長江陵

苔岑雅契表欽遲　郢客高才出句奇　卓越編刊名四海　江陵柳渡繫歸思

贈梁教授懷茂學長二首

鍾靈毓秀茁梅岡　志效先賢著錦章　卓展長才成德業　上庠敷教耀枌鄉

從戎報國歷星霜　志節堅貞氣類彰　博洽弘通欽表率　歲寒松柏鬱蒼蒼

贈朱學士澄軒學長二首

天生岐嶷卓超群　儕輩多賢獨譽君　雅度雍容軒氣宇　敬恭桑梓表斯文

千秋志抱奮雲程　學士襟懷器識宏　莫任塵封書劍老　看君紫電擊空鳴

敬祝王仲公社長九一嵩壽

翕然壇坫久心儀　玉唾珠璣璨瑰奇　宿望怡怡徵大壽　劬盧春永頌期頤

註：王仲公家鴻，乃中國現代年逾百歲詩翁，著有劬廬詩集等書。並歷任我國駐外使館要職，及大學德文教授。

憑欄

清秋夜靜獨憑欄　海國風高感萬端　擊節長吟頻北望　文星灼灼劍光寒

聞辜老飾空城計次韻

武侯妙計古今聞　獨守空城俯陣雲　辜老登場神自若　橫琴一曲勝千軍

秋日訪林荊老登芥樓二首

淡江山色逐雲煙　芥子須彌見大千　一笑秋隨鴻雁至　菊花當令詠新篇

蟬聲唱晚苦尋思　落葉飄零憶舊知　倚杖東華秋粲粲　吟朋共賞傲霜枝

禮參題詠三首（玄奘寺、慈恩寺、涵碧樓）

寶殿巍峨奉聖僧　潭中日月映千燈　傳經負笈尊三藏　佛國去來龍象興

春暉孺慕感慈恩　瑞采光儀曜佛門　一角湖山瞻氣象　九重雲棟聳乾坤

鼎湖龍去黯星霜　樓外貞松望鬱蒼　碧水清波涵凱澤　詩傳南國頌甘棠

海明寺位於台北樹林

淨界千霞署海明　叢林塔湧白雲橫　登臨覺路聞仙梵　般若潮音醒世情

敬輓周慶光老居士

蓮花座上證前修　寂照圓融道範留　一念彌陀歸極樂　海天西望白雲浮

重　九

重九吟懷念庶黎　登高悵望海天西　故園風物凝霜露　菊綻東籬待品題

謝子清鄉丈著「老兵吟草」讀後

少年投筆事長征　轉戰關山萬里程　報國忠貞功卓著　詩成一卷見豪情

稻江秋六首

雅集江樓溯古亭　屯山遠揖眼猶青　秋懷不盡炎涼感　老圃黃花托性靈

斯文自昔傳薪火　韻事頻年勝擅場　聖誕芳辰徵藻薦　興詩擊缽漢聲揚

檻外山巒翠倚空　斜曛照水映丹楓　騷壇盛會吟旌動　鬥韻旗亭氣吐虹
海上白雲浮遠岫　江濱釣叟自悠閒　飲冰人欲消殘暑　未若清風一棹還
橋墩佇望堵雲流　偃仰蘆花繞戍樓　碧海蒼茫餘夕照　片帆風送一歸舟
西風瑟瑟江干樹　細細濛濛古渡頭　小市人家燈火燦　暮潮聲湧海門秋

鄭經生詞長著孤雁集題後

漱誦瑤章歎隱微　英華掩映夢依稀　莫干仙境嬋娟侶　翹首青雲一雁飛

劉榮生詞兄著《東橋說詩》讀後

一卷風行見說詩　使君博洽妙神思　邵陽自古人文萃　雅望東橋令譽奇

風城柳絮

東門轉轂上瓊樓　勝日雲山矚遠眸　竹塹春深風乍起　柳花飛舞惹清愁

荷風

紅蕖冉冉滿池塘　映日臨風溢古香　莫說人間無淨土　須知不染自清涼

敬次鍾教授蓮英西湖瑤韻

水光山色映西湖　賸有蘇詩敵萬夫　瀲漾迴舟神曠逸　六橋煙雨妙成圖

春訊二首錄一

元辰運會望春臺　揆展宏謨濟世才　糾縵卿雲歌復旦　德音端羨八方來

春酒二首席上呈林荊老

一樽醇釀爲春開　讌敘松園席上催　主客同歡人日醉　芥樓花影照深杯

斗指瀛東大地春　柳陰花下醉遊人　風光淡蕩詩情寄　每憶江南似飲醇

次韻奉酬柯逸梅詞長

一春花絮惜飄殘　點誦新詞筆注丹　月照高樓人不寐　遙聞玉笛倚欄杆

寒砧

荻花蕭瑟憶芳洲　一別綿江幾度秋　少婦思君朝復暮　擣衣砧響動離愁

餞歲

詩題邸壁嘆淹留　餞歲三杯遣客愁　佇望青陽迎泰運　重吟壯語頌新猷

梅訊

一枝初綻報春回　玉蕊凌寒次第開　擬古遙思驢背客　風中踏雪灞橋來

春宵

東風綠盡柳梢頭　綺陌芳園憶舊遊　客夢江南今夜醉　一灣新月照江樓

送春

林花落盡化芳塵　送別東皇向遠津　垂柳千絲難挽駕　來年此處再迎春

甲戌暮春約登訪芥子樓主

大屯山色映華顛　聯袂登樓訪逋仙　芥子參知春欲暮　鳳仙釵影舞軒前

夏日網溪小集二首了翁時電話花蓮楊伯西致意。

吟朋小聚網溪樓　茗座浮香竹韻悠　雅禊常懷風義友　平生誼氣足千秋

令當炎夏喜聞雷　驟雨生涼逸興催　佇望花東雲靄靄　故人遙寄小詩來

鍾馗畫像傳係唐吳道子始畫

角帽藍衣袒臂行　手持令劍向空橫　風吹怒髭雙瞳炯　畫聖揮毫鬼魅驚

蒲劍

年年午日懸蒲劍　欲靖妖氛戾氣收　屈子沉淵漁父死　尚餘騷雅越清謳

甲戌秋還鄉前夕留別諸吟友

還鄉暫別古炎洲　縱目千山白露秋　欲寫襟懷窮碧落　雲情不盡感高儔

溪樓晴望

霽空朝旭耀東溟　倚望溪山入畫青　飛鷺悠閒流水急　樓前光景映蘆汀

秋夜書懷

井梧疏影月初斜　夜聽寒蛩憶故家　動我吟懷秋瑟瑟　夢迴三徑客天涯

乙亥秋再度還鄉留別諸友

鷺侶重登舊酒樓　揮觴話別壯心酬　登機指日還鄉去　桂月高華雁陣秋

乙亥秋日重遊贛州八境臺

層樓畫閣聳江隈　遠眺群山繞水迴　八境蘇詩雄鎮閣　魁星瞻拜憶登臺

註：憶昔登覽斯臺，亦名魁星閣，欣見閣中供奉魁星神像，傳係廟會中攝自空中顯神角帽神像：時維民國卅五年孟夏，余年少初來參拜，似獲感應。今再賦得七絕一首紀遊。

宜春攬勝

聞名遠駕古袁州　翠擁城臺攬勝遊　鄭谷聲華餘逸韻　吟懷緬邈盡風流

宜春客次雲谷觀瀑

輕車遠駕復扶笻　雲谷尋幽向碧峰　日映飛泉三疊韻　斷崖凝望倚蒼松

山寺曉鐘

叢林古寺鎮山城　幾杵疏鐘破曉鳴　曙色曦微群鳥哢　醒人殘夢覺神清

陽明春曉三首錄一

天開霽色好探春　漫步芳園矚目新　姹紫嫣紅相掩映　不堪騷客老風塵

北市端午詩會

端陽盛會競揮毫　蒲酒飄香意興高　澤畔行吟懷楚客　逸才詞采照吾曹

聞香港回歸抒感五首錄三

香江曲岸聳鑪峰　地脈相連積翠重　合浦珠還冠蓋望　車迴京九氣如龍

新猷展望鼎能扛　改革宏圖氣勢龐　邁向小康聯港埠　特區聲譽耀華邦

關山幾度斗牛移　海角今宵號角吹　棨戟遙臨觀焰火　港都璀燦耀江湄

達賴喇嘛訪臺

幢幡寶蓋迓持恭　錫至騰歡起旋風　信衆虔誠祈灌頂　隨緣說法證圓融

註：大法會開示：「平常心是道」。

竹東飛鳳山探梅贈田浪萍

山名飛鳳覓芳蹤　結伴探梅興更濃　願與田文花下醉　詩情似酒寫春容

春霽

蓬山霽望翠含煙　鳥哢新晴景色妍　興發嚶鳴聲氣翕　春風詞翰韻賡傳

中華詩學研究所張定公所長寄示詠月四首敬步瑤韻丁丑春

歸來攜月未攜肴　月照樓頭上柳梢　夜半鳴琴風調韻　忘懷中饋早辭庖（攜月）

水月空明沉復升　詩人愛月亦持恒　千秋赤壁情懷壯　羽化登仙勝舉鵬（問月）

東山月出湧冰盤　客倚樓欄仰首看　似水流光花影動　清宵漸覺露生寒（望月）

美談神話易傳訛　碧海青天韻事多　古詠蟾宮成妙句　依稀月桂倚嫦娥（玩月）

謁海南蘇公祠次藩漢詞長元韻

儋州萬頃海爲田　奉祀蘇公一代賢　肅穆堂中瞻畫像　神儀曠達似詩仙

敬題關渡玉皇宮

玉皇宮殿氣凌霄　飛閣流丹抑海潮　衆頌天尊呈藻薦　更鳴鐘鼓吹笙簫

註：宮殿位於台北關渡，重建落成。

萬華夜市

萬華燈海湧人潮　綺靡絃歌雜市囂　寺院空靈禪境靜　指迷風月醉春宵

柳陰聽蟬

柳陰深處一蟬鳴　噪夏嘶嘶感物情　烈日當空風拂面　幽亭靜倚覺心清

指南宮雅集和光煜詞兄韻

連番白戰氣縱橫　鬥韻旗亭結鷺盟　雅集登臨仙闕望　曉鐘迴盪振天聲

石濤上人寫羅浮山圖

上界三峰豈可登　嵯峨聳出白雲層　羅浮曉月疏林靜　澹靄依稀見一僧

題故邑名勝千丈崖

峭壁丹崖一片天　將軍靖亂勒燕然　名山勝蹟尋芳躅　客賞珠泉不問禪

北郊探春二首

青山負郭遠紅塵　久雨初晴報好春　遠駕紆迴溪曲道　二三吟友禊芳辰

新春照面曉山青　燕子湖樓話古馨　酒飲微醺神爽朗　詩成即興句輕靈

曉　步

春寒料峭喜新晴　曉步溪橋策杖行　遠眺煙嵐浮翠黛　飛迴群鷺舞相迎

奉和陳教授冠甫龜山朝日瑤韻二首

靈龜仰首引魚龍　旭日曈曨景象宗　造化神奇開勝境　蘭陽環翠白雲封

鰲峰矚目峙溟東　萬頃滄波旭照紅　古鎮頭城呈瑞靄　人文秀拔化群工

註：緣由陳博士原名慶煌號脩平，其故居頭城，時任「中華詩學」總編。

奉題武漢九州詩詞會刊

江城景色映晴空　五月梅花一笛風　古調悠揚懷郢客　九州騷雅播寰中

伏教授嘉謨挽詩

儒林棘院令名揚　爲國掄才鬢髮蒼　席上論詩師友誼　遺山絕唱調宮商

問學齋主翁正雄詩書畫展

碩彥聲華播藝林　一堂書畫豁胸襟　最難狂草追懷素　醉墨詩情韻致深

註：翁詞長係一代名家王靜芝教授之高足。

孟夏遊衡陽雁峰寺 戊寅

江迴極浦聳奇峰　石柱浮雕雁陣容　古寺登臨風日美　芳塵淨處綠陰濃

石鼓山攬勝二首

雁城郊北鼓山橫　勝景天然畫不成　石鼓猶存書院圮　合江亭上客心縈

草橋蒸水靜煙霏　石鼓亭臺接翠微　拾級登臨風拂袂　暢懷遊賞樂忘歸

註：湘、蒸、耒三水。匯合於石鼓山外。

登衡州西湖芙蓉閣

環湖漫步畫圖中　澹澹清波映日紅　一角芙蓉高閣聳　登臨不覺氣豪雄

南嶽紀遊四首

半山亭

纜車載客上山亭　谷口騰空越翠屏　漫步平台濃蔭處　佛前留影慰伶俜

南天門

石徑欹斜識舊蹤　步登千仞未扶筇　南天門外風呼嘯　四顧雲連七二峰

天王殿

峻嶺叢林淨境開　天王殿上座如來　山僧接引拈香拜　陡覺心靈氣宇恢

祝融峰登眺

天南一柱鎮衡湘　絕頂凌空挹斗光　勝日登臨秋氣爽　雪峰雲樹望蒼茫

晚潮

淡江夕照近黃昏　向暮潮聲叩海門　陣陣驚濤頻拍岸　討天激憤古胥魂

溫妮襲臺感賦三首錄一

狂風暴雨勢縱橫　西北颱來撼海瀛　夜半溫妮裙帶厲　中元普渡鬼神驚

夜讀

寒窗展讀至三更　照影孤燈一點明　坐對古賢才調仰　名篇讚賞素心傾

己卯除夕

報歲蘭開九朶花　清齋靜供憶年華　酒催詩興吟今夕　梅占春先醉曉霞

春雷

東風盡日綠莓苔　細雨含煙燕子回　曉步橋頭翹首望　乍聞驚蟄一聲雷

詠曲埠孔廟二首

宮牆萬丈忒難攀　古柏蒼蒼殿宇間　聖德明倫興禮樂　千秋釋奠仰尼山

天將木鐸立儒宗　教誨明經衆景從　德義兼修賢七二　杏壇化雨萬千穠

陳博士冠甫教授寄示讀四書五首

——大作用以導正社風時弊，砥礪德操，發人深省，旨歸雅正，誦有同感，遂步韻焉。

聖傳明德勵常新　哲理思維道本眞　格物致知臻至善　儒宗重教啓斯民大學

仁懷天地同參贊　道貫惟誠允執中　睿察權衡邦本固　親民德治古今通　中庸

尼山振鐸千秋仰　禮樂詩書爾雅諄　七二賢才通六藝　士稱弘毅志清淳　論語

盡心揚善率天性　義正詞嚴氣自雄　論政稱王溥德澤　事關憂樂萬民崇　孟子

文明聖哲思無終　道契天人豈幻空　孔孟相彰開盛世　立言匡正理攸同　總贊

上庠傳道重儒林　博學高才播雅音　樂育菁英行化俗　力揚風教度金鍼　讀後

註：陳氏原籍台灣宜蘭，係政治大學中文研究所畢業，獲國家文學博士，現任淡江大學專任教授，台北大學兼任教授。考試院國家考試典試委員，教育部文藝獎評審委員，中國當代文化學術論壇名家。昔曾師事宿儒成楚望惕軒先生，允稱高足。

文化干城三首錄二

文明教化典流芳　聖哲傳承史蹟彰　比作干城聲氣壯　長歌正義歷星霜

漢文優美播瀛洲　作育英才著遠猷　報道司徒偏誤導　忍教夫子抱深憂

聖火

薪傳聖火耀千秋　泗水絃歌引越謳　自古詩文敷教化　斯庵感召播夷洲

贈大馬張英傑詩家　怡保

君才清美性情眞　花萼聯輝雅軼倫　霹靂聲華揚海外　洞天花木自成春

歐陽文如博士教授錫予拙集《寄園詩草》鑑賞嘉許

廬陵遠紹氣閎深　藻鑑明持賞雅音　翰墨堂中餘德澤　詩文一字度金鍼

註：歐陽氏祖籍江西彭澤，昔年渡海來臺，力學深造，獲文學博士，曾任東吳大學中文系主任及中文研究所所長，望重儒林。日前函示：「尊詩古風律絕，諸體兼擅，風格多樣，或清雅淡遠，或壯美奇拔，俱足上追古人，超邁時賢。」獎譽過甚，讀之赧然。

春社竹枝詞步一厂老瑤韻

杏花經雨綺芳春　鳩喚新晴迎社神　鼓樂喧天榕蔭暮　盡歡扶醉杖藜人

藝苑名家柏蔚鵬詞長書畫展賀詞

傑出祁陽意氣豪　風雲舒捲若揮毫　醉心三藝詩書畫　造詣精湛格調高

詠　竹詩研所課題

一枝修竹拂窗紗　綠葉稀疏瘦影斜　獨賞此君瀟灑韻　清風明月板橋家

靖安寶峰寺羅漢堂

——中華詩學研究所龔副所長稼雲先生徵詠

滿堂羅漢衆尊崇　宛自諸天蒞梵宮　采繪精雕臻巧妙　壯觀奇異顯神通

註：據稱滿堂（五百）羅漢。

劉意芬詞長著學廬詩集讀後

嶺南風調播瀛洲　雅契苔岑樂唱酬　一卷編年詩濟美　吟懷古道韻清遒

奉題廣西郁江詩社

郁林深處水環山　列座彬彬玉筍班　譽滿詞林名海外　春秋高詠動江關

桃源二首 詩研所課題

入望山中別有天　煙村屋舍傍園田　居民世代從耕讀　閒話桑麻貌藹然

踏歌秋節慶豐年　美俗淳風自古傳　訪者奇稱苗女秀　盛裝迎笑比花妍

梁將軍君新學長編著「千里關山萬里情」讀後三首

羨君衣錦駕還鄉　往跡重經五十霜　英彥從遊聲采壯　旆臨迎候宴華堂

將軍府第占梅岡　式望勳名德義彰　雅室珍藏書與劍　殷期世代競龍驤

主賓嘉會應時開　桂蕊飄香互舉杯　美政東南稱瑞邑　扇形高論識雄才

（嘉會午宴）

迎新紀 詩研所課題

海東朝旭看初昇　燈火繽紛萬衆騰　讚頌人間新世紀　百年嘉會繫觚稜

宗親衍伸學長惠贈「剪影集」並祝嵩壽二首

吾宗奕代萃奇英　集錦才情顯令名　藝苑精華傳美妙　震災遺跡紀蓬瀛

介眉嵩壽頌嘉辰　健朗怡然笑語親　幾度遨遊留倩影　崇宗敬祖樂天倫

詠　雲 詩研所課題

夢縈親舍總依依　一片濛籠掩翠微　不盡天涯遊子意　乘風欲向故山飛

詠水仙 二首錄一

宛若天仙下碧霄　黃裳翠帶任風飄　芳心傾令詩心醉　疑現凌波洛水遙

自謔 （聯珠格） 四首

——春人詩社課題，主編轉載中華詩學季刊

滄桑閱歷寄瀛東　遣興書懷興不窮　未濟匡時思激楚　老餘豪氣詠松風

老餘豪氣詠松風　倚杖蓬山仰碧空　樂道安貧心澹泊　不堪形影類孤鴻

不堪形影類孤鴻　春去秋來歲月匆　漠漠雲天舒客思　瀟湘荻岸印深衷

瀟湘荻岸印深衷　浪迹天涯雁訊通　書劍飄零懷古道　琴彈月夜寄詩筒

宋賢蘇東坡題吾故里東明觀詩讀後

瑞邑龍山古木蒼　東明道觀座南岡　寓賢高詠揮雲水　仰慕椽書翰墨香

宋賢黃山谷梨花詩帖讀後

玉樹亭亭手自栽　瓊枝雪鎖待君開　書成清絕籠紗句　俊逸風神筆底回

霧山詩稿題詞

——鄉賢周慶光先生遺著

一生低首拜湘鄉　未解傷麟嘆鳳章　笑占紅梅欽點額　春風及第狀元郎

註：周慶公昔年參加國府首屆高考，「蕊榜占魁」蒙張典試委員默君女史，主持頒證典禮時譽稱「民國狀元」。首句係周公「印文」以誌景仰湘籍先賢曾文正公云爾。

霧山詩稿奉編告竣詩贊

先生宿望重儒林　振鐸鄉邦教澤深　器宇恢宏詩雅健　西江逸響盪雲岑

註：先生膺任江西省教育廳長，後隨政府播遷，渡海來臺，復膺重寄，繼任考

選部政務次長等要職，卓著勳猷。

秋晚旅湘紀遊三首寄叔華

襟期海客御風來　晚節欣逢菊盛開　把酒言歡思舊侶　楚天鴻雁自飛迴

天心閣外句新裁　候占陽春綻早梅　喜見南枝花照水　知音月下叩琴台

雲浮岳麓入深秋　結伴登臨覽勝遊　夕照楓林舒晚景　亭前佇望醉吟眸

註：亭指愛晚亭，據傳古名「紅葉亭」。

雁群

塞外風高送雁群　秋空萬里靜無雲　南迴極浦湘江冷　曲岸蘆花映夕曛

冬節陽和

一年冬節喜陽和　古韻悠揚夕照波　琯奏孤雲如顧影　老將白髮付行歌

社長梅庵先生近作讀後

海天吟望老猶雄　秀哲圓融尚古風　易本陰陽參造化　更鳴詩鐸動蒼穹

敬祝社長梅庵先生米壽

任比梅花傲雪霜　仁懷博大著文章　雙修福慧貞元吉　米壽欣瞻極斗光

辛巳生朝偶得

一瓣心香供佛前　弧辰念母問因緣　靜光重現探花夢　誤謫塵寰韻事傳

敬題三醉亭

——位於洞庭湖岳陽樓畔，據傳爲紀念呂祖而建，亭內堂尚展示巨幅醉仙圖云爾。

終南嚮往道眞傳　撫劍雲遊一浪仙　獨賞洞庭風月美　岳陽三醉倚亭眠

史話拾遺

東寧野老吐心聲　見說皇軍霸氣橫　令改撫臺名督署　劉公德政史留名

註：史稱前清駐臺巡撫劉銘傳。

民　怨

立朝無道涉深淵　海國潛龍象黯然　景氣低迷民怨沸　黔黎翹首望青天

褒忠亭 乾隆賜題

義民魂魄顯神靈　御筆褒忠字署亭　遠溯粵東遷竹塹　聯庄靖亂史垂青

義民廟 新埔

凌霄廟貌望堂皇　衆仰威靈鎮四方　祀享千秋崇古道　客家文化永流芳

戲筆奉酬鶴庵老元玉

高鳴海鶴健吟身　夢裡凌波幻洛神　一笑天花飄似雪　寄聲清遠鷺鷗親

滿城風雨近重陽（入句）

滿城風雨近重陽　驛馬踟躕雁斷行　俗吏敲門傷雅興　吟成一句協宮商

逆旅孤棲觸感傷　滿城風雨近重陽　偶來高士光蓬蓽　菊釀盈樽待品嘗

滌淨征塵雙鬢白　遄歸夢寐思遺澤　滿城風雨近重陽　重建故居題拱璧

海東雲樹望蒼茫　老負襟期守故常　夢繞洄瀾詩寄興　滿城風雨近重陽

寄贈谷風先生二首

——杭州毛氏谷風教授，近十餘年來，潛心致力，廣爲徵選（蒐羅），選編歷代五、七絕暨律詩精華專集選本，博洽精審，足以用資傳世，可謂卓然有成云爾。

胸羅萬卷氣雍容　藻鑑衡諸風雅宗　坐擁芸窗詩選粹　名篇疊唱入雲峰

其　二

雲峰挺秀毓奇英　譽滿詞林孰與京　淑世襟懷風義永　古今藜照窮深閎

壬午歲暮

馬年塵跡遠雲莊　世道衰微忒反常　憶昔親情溫客夢　梅梢月影鬢邊霜

癸未除夕

夜雨催詩興未闌　山村報竹響雲端　回思少小迎年景　雪映紅梅傲歲寒

甲申元旦

海天風雨滌污塵　老慕龜堂至雅馴　斗室端居容汲古　吟懷曠達歲華新

註：南宋大詩家陸放翁，晚年自署其書齋曰龜堂。

甲申上巳奉和劉治慶詞長元韻二首

詩傳上巳續鷗盟　雅集龍潭柳旆迎　即席揮毫稱俊彥　幽情暢敘鳥嚶鳴

其二

昔仰高賢褉士林　溯探騷雅競清吟　春陽照水光遺緒　唱玉聯珠字字金

註：昔聞寓賢于、賈諸公，曾於台北士林，上巳讌敘雅集、稱新蘭亭，曾已立碑記盛云爾。

甲申清明抒感

蓬山日夕猶飄雪　閏兆清明祭祖期　歲月於人添白髮　感懷今昔寄歸思

註：是日台灣玉山，暨合歡山武嶺，均飄春雪，為罕見景象。

江著逸樓吟稿讀後

著勳榮退板橋居　雅興偏饒世俗疏　夢筆生花江令賦　逸樓高詠粹成書

綠樹蔭濃夏日長二首

奇萊挹翠近南峰　綠蔭山居隱客蹤　夏日炎蒸雲掩映　老來朝夕自扶笻

客寄栖遲鬢髮蒼　往年炎夏苦偏長　壽豐山野蟬聲繞　靜倚榕陰傍午涼

山居寓目見奇萊（入句）

山居寓目見奇萊　翠靄微濛畫境開　擬寫閒雲縹緲意　杖藜朝夕自徘徊

遠寺疏鐘破曉催　山居寓目見奇萊　叢林鳥哢揚天籟　悅耳怡情亦快哉

晚境孤棲天眷顧　耄年簡樸從容度　山居寓目見奇萊　眼界空靈參妙悟

神遊故國氣雄恢　藻繪江山筆底回　寄跡花東塵俗遠　山居寓目見奇萊

註：㈠奇萊山南峰，高聳在壽豐鄉境。
㈡昔年曾作「詠懷故國」聯韻（上下平）卌首故云。

天祥賞梅二首錄一

天祥白塔聳雲岑　古寺高崖俯澗深　幾度賞梅山館外　眼浮香雪入清吟

讀古畫成詠十首錄六

——研讀故宮博物院藏畫精選集

晉・顧愷之洛神圖

洛水煙波望渺茫　龍車傘蓋擁新妝　仙容靜美傾相見　植賦靈奇亦感傷

宋・范寬谿山行旅圖

雄奇筆墨異荊關　淡靄餘暉映巨山　峭壁危崖垂白練　一行商旅出林間

金・武元直赤壁圖

橫空赤壁形雄偉　浪湧清波泛客舟　月夜江天秋瑟瑟　感時蘇子賦清謳

元・黃公望富春山居圖（局部）

春山入畫卷長舒　寫意高人久卜居　水木含煙神韻妙　釣臺嘗過故人車

明・周文靖雪夜訪戴圖

寒夜行舟雪映空　篷窗靜透一燈紅　子猷訪戴乘佳興　歷覽溪山畫境中

清・王時敏仿王維江山雪霽圖

山林屋宇猶凝雪　入畫江天霽色開　復嶺飛泉聲似玉　岩前野老話春回

賦呈主任陳兆霖將軍

將軍智略纘前修　步上元龍百尺樓　德澤同沾心感戴　頻年展布著新猷

任著道一吟草讀後讚冠頂

道以詩鳴繼昔賢　一心匡濟著鞭先　吟篇集粹鍼時弊　草偃風行衆口傳

甲申感事

世事紛爭感百端　憑誰隻手挽狂瀾　老探騷雅傳薪火　寸管能祛萬古寒

重九感賦

故園霜露屬三秋　菊綻東籬晚節酬　自昔思親時感念　而今不覺雪盈頭

舞鶴茶香

品茗清談憶柳亭　甘泉活火羽傳經　雨前春採浮雲霧　舞鶴閒吟古德馨

註：羽指唐竟陵陸羽，嘗著茶經三篇，舞鶴係花蓮山莊名，設有茶座。

三峽大壩讚

遙聞傑構奏神功　媲美千秋禹德崇　大壩橫江三峽漲　宏觀利濟世稱雄

巾幗英雄鄭麗文贊二首

延平秀裔挺英姿　輔選賢能正義持　萬衆府前齊感奮　雄才卓展力匡時

其二

雄才卓展力匡時　際會風雲舉義旗　俠骨豪情孚衆望　登臺亮麗慨陳詞

鯉魚潭上賽龍舟 洄瀾詩社命題

鯉潭千頃水風清　午日龍舟競渡行　旗鼓相當爭奪錦　詩揚令節振天聲

魯閣逭暑 洄瀾詩社課題

花蓮淨土清涼境　峽谷溪流九曲幽　魯閣觀光兼逭暑　亭陰倚坐頓成秋

「滕王閣詩文廣存」讀後二首

堂皇畫閣冠洪都　襟帶江湖位要樞　歷代名家揮采筆　詩文藻繪古今殊

其　二

章門傑閣俯江流　賦得龍光射斗牛　莫問千年興廢事　人文自古萃南州

註：廣存巨著，係宿儒：裘之卓、與王咨臣主編，歷經九年、始告梓成。

擬作重九登高圖題句

重九思親慕古賢　故山登覽叩靈仙　亭陰話舊雲巖上　待奏鳴琴證夙緣

註：圖寫故邑瑞金烏仙山，時倩花蓮方家王鼎之書款。

訪梁將軍君新學長承衍伸導引

將軍府第境清幽　花木扶疏映畫樓　室有芝蘭迎瑞靄　座瞻儒雅慕前修

憶宿衍伸宗親學長寓樓

大源庭院桂蘭芳　長幼欣融聚一堂　卜築高樓憑遠眺　今宵醉臥夢還鄉

參觀中市碑林

冬陽昫暖照碑林　史蹟人文慨慕深　過客從遊承款宴　昔賢書藝雅同欽

桑榆暮景

還鄉幾度繞雲岑　祭祖探親感不禁　物換星移陵谷變　桑榆垂暮夢難尋

鍾義本學長八秩壽慶登銅鉢山

鉢山盤鬱聳雲峰　健步登臨衆景從　耋歲還鄉償宿願　泉聲松韻頌華封

冬日遙望玉山

玉山高聳白雲中　氣勢崚嶒冠亞東　靜沐冬陽光海宇　蒼松屹立嘯天風

春寒

秦淮垂柳拂煙塵　史蹟消沉歲序新　雨挾寒潮籠海嶠　洞簫吹盡六朝春

乙酉上巳抒感二首

鵑城盛會萃耆英　上巳題襟續鷺盟　僻處花東饒逸興　臨風靄靄寄雲情

祓契襟期結古歡　江樓接席憶瞻韓　斯文墜緒期能繼　學府華岡蔚大觀

奉酬謝子清鄉丈並祝嵩壽

瑤篇景印歷年增　令望勳名德並稱　故邑東山呈瑞靄　清詩淑世壽嵩登

敬悼龔副所長稼雲先生

春人雅集識鄉賢　龔老工詩杜證詮　卓著宏文傳盛譽　草堂瞻聖慰華顛

敬悼馬副所長鶴凌先生

名揚四海展宏觀　黨國艱危欲挽瀾　傑出湖湘鍾間氣　哲人詩史耀騷壇

歲暮臺閩詩人聯吟三首

海濱鄒魯世尊崇　史蹟人文契聖衷　九曲棹歌天籟調　古今庠序啓鴻蒙

八閩山水蘊胸中　寫出詩篇情景融　菊酒飄香迎雅客　華岡卓幟振騷風

兩岸耆英聚一堂　最難風雨話重陽　斐亭傳唱今猶盛　望古心期溯漢唐

註：原訂于重陽聚會故云。

臘夜懷鄉 洄瀾社課題

客家淳樸古風傳　歲末猶聞臘鼓塡　憶昔懷鄉溫舊夢　親情似月缺還圓

註：臘本古祭諸神於冬至後，塡喻鼓聲。

丙戌人日擬賦是日立春喜得春字。

寒窗試筆占靈辰　魯閣梅花報早春　老憶故鄉羹味美　偶成詩句自怡神

中華詩學研究會上巳宜蘭盛會

峰巒競秀繞蘭陽　雅集高樓客滿堂　雨霧濛籠渾似畫　且觀椽筆寫瓊章

蘇澳攬勝及餐敘二首

蘇澳虹橋綠嶼連　漁舟泊岸柳含煙　飛迴群鷺姿飄逸　佇望蒼茫近海天

山環海澳水雲鄉　挹翠題襟逸韻揚　午聚永豐開雅宴　感時懷古話滄桑

參觀碧涵軒珍禽鳥園二首

車經紆谷抵山莊　翠蓋幽軒異曲廊　見說鳳凰西貢種　鳴聲悅耳溯虞唐

雅客臨軒贊化工　珍禽彩羽展籠中　開屏孔雀明爭炫　帝雉英名蓋世雄

雅集歸來賦呈詩研所長朱萬公二首

仰公儒雅領騷壇　國粹宏揚蔚大觀　響播華岡風教振　耆英契詠壯波瀾

十載昌詩筆注丹　崇高韻府矗重巒　春秋盛會懷先哲　攬勝登臨感百端

註：憶及民國八十六年間輝已忝列研究委員，時即欣聞朱萬公履新故云。

穀雨後曉望偶成

山居曉望喜新晴　漫步郊坰策杖行　綠映桐花凝似雪　冷風搖曳小詩成

暮春雅集 洄瀾社課題

暮春時節喜新晴　雅集洄瀾續鷺盟　海客題襟懷故舊　松園野徑好風迎

方家王鼎之書法篆象展題贊

君書超邁晉唐風　草跡毫端漢魏融　妙諦心參詩與畫　船頭片月掛秋空

註：書孟浩然宿建德江詩，篆象成圖。

送　春

臨歧無語悵悠悠　送別東皇古渡頭　耀眼韶光今黯淡　落花飛絮惹清愁

梅雨夢回

海天雲捲浪花飛　夢斷江南客未歸　霧瑣奇萊寒乍暖　惱人梅雨又霏霏

丙戌初夏遊蝴蝶谷

邐迤山谷瑣雲峰　曲徑亭園景色重　乘興欲尋蝴蝶影　山花展笑水淙淙

端午龍舟競賽

汨羅江上競龍舟　鼓樂喧天令節酬　角黍飄香蒲劍怒　楚詞傳唱韻悠悠

屈平詞賦懸日月 限尤韻

——洄瀾詩社聯吟大會

滿懷忠愛抱千秋　屈賦離騷孰與侔　楚調詞華聲采壯　天中日月照江流

中秋月夜

頻年寄跡海東涯　節屆中秋客憶家　月夜徘徊形影瘦　自斟杯酒詠蒹葭

薑齋詩話讀後

——清初湘籍著名學者王夫之著

紅鑪點雪見襟宇　鍊意純眞句自成　抗雅揚風情景洽　論詩七絕重才情

敬悼方公子丹教授三首

法書行草竟深功　詩學深研譽望隆　一代詞宗風範仰　文章淑世古今同

賢才卓識著勳華　翊贊中興迭獻嘉　仰慕宿儒承沾溉　感懷憑弔海東涯

文星殞落挽寒潮　故國秋深草木凋　拜讀遺篇詩韻勝　紀遊行卷氣凌霄

題鴻雁圖

湘江曲岸暮雲寒　鴻雁飛迴畫裡看　水墨淋漓形象活　秋菰露米覓何難

秋夜夢回

賞心秋夜月玲瓏　靜照山窗透碧空　臥聽鳴蛩撩客思　故園歸夢醉楓紅

丙戌冬至

板橋投宿塵心定　侍捧湯圓供客嘗　口角含香春氣動　渾忘晝短夜偏長

敬題朱先淦澄軒鄉賢年譜

允稱賢哲老君侯　回首征塵獻遠猷　卓著功勳高品德　朱坊世第耀千秋

註：朱公著有「征塵瑣記」一書。

丙戌臘八夜得句贈王孟慈女士

小巧玲瓏慧質姿　賢能教子法書奇　寒冬夜值燈投影　月照君心入夢時

丁亥春曉

山櫻競艷又迎春　白鷺飛迴似故人　曉望浮雲詩寄意　相期善葆歲寒身

敬悼華岡張仁青教授二首

文星殞落黯蓬瀛　頓失詞宗衆震驚　駢儷揚芬傳絕學　儒林望重顯英名

一夕驚聞館遽捐　英靈化鶴已登仙　文章錦繡光華夏　楚望師承百世傳

感時吟望

輔教昌詩古道傳　斐亭風範仰先賢　感時吟望圖興復　且賦梅花映雪天

註：先賢林幼春、許南英、連橫等，於台南府城創立「斐亭吟社」連氏爲鄭王祠賦古梅歌，七言古詩風格遒上。

丁亥端午詩會敬次胡教授傳安花東之旅瑤韻二首

卓領耆英駕海東　昌詩令節古今同　天開霽色增文采　展誦瑤章大雅風

花東攬勝任遨遊　峽谷奇巖景色幽　魯閣雲迴迎雅客　聯吟盛會影長留

丁亥詩人節抒感

蒼天瞶瞶何須問　世變依然泛海桑　屈賦懷沙明志抱　詩人愛國稟忠良

姚植道長「花蓮百景」詠集讀後

花蓮百景卷中收　逸韻高懷孰與侔　大筆洄瀾成藻繪　奇萊縱目樂遨遊

八句初度感賦二首

瑞雲流火曜弧辰　感念慈恩倍懿親　髫齔瞻依憧夢影　愴懷詩賦北堂春

註：首句略述，余誕生時之瑞象吉兆。

詠懷喬梓繫親情　十載寒窗負短檠　昔別家園思悵惘　雙江望月夢魂縈

註：「雙江望月」乃故邑古八景之一，位於故居南岡村後側，綿貢雙江匯流此處深潭，形成天然賞月奇景。

附錄和章

古典詩社名譽理事長鄧璧先生賜和

欣逢八十慶良辰　二十年來翰墨親　遙祝奇萊山下客　如岡如阜共長春

一往深深愛國情　曾攖鋒鏑伴弓檠　老來別有懷難釋　除卻詩縈更酒縈

古典詩社理事長甯佑民先生賜和

欣逢八秩祝佳辰　回首盟鷗筆硯親　覓得桃源堪避世　松筠長茂壽長春

奇萊聳翠富詩情　得句開懷立曉鰲　有幸和章緣不淺　呼嵩聲裡舊遊縈

楚騷研究會理事長姚植先生賜和

輝翁玉手摘星辰　二十春秋鷺侶親　志學松居開壽宴　尋梅共賀草堂春

奇萊遠眺繫詩情　昔別江西剔短檠　作客花蓮常北望　三更夢境幾回縈

八秩感賦承吟壇長老賜和疊韻賦謝

八旬閒逸度生辰　賜和佳章雅誼親　鶴引松風吟旭日　嶺頭梅綻又迎春

平生領略鷺鷗情　夜論詩文照釆檠　仰慕奇萊山不老　白雲朝暮素心縈

詠花蓮之美

洄瀾壯麗筆難描　遠眺奇萊透碧霄　魯閣雲旌迎旅客　宛遊仙境樂逍遙

古夷州八十懷古

臺灣本屬古夷洲　禹貢輿涵海蜃樓　攬揆南明開教化　史詩輝映著嘉猷

註：擬示現代菁英學士。

初冬探梅

杖藜隨興過山家　袖拂修篁日影斜　占得小陽春氣動　南枝照水綻梅花

月夜抒懷

月色如霜照獨醒　故園梅影憶猶馨　老懷不盡滄桑感　海客栖遲守一經

名家蔡鼎老為寄園詩序贊喜賦

——渥蒙陳博士冠甫教授賜序

序言詩贊軼超倫　墨妙書成筆有神　雅紹中郎名遠播　寄園秋望沐陽春

清賢紀曉嵐山水詩讀後

公詩似畫富春山　穩坐孤舟下釣灘　不屑世間名利客　清風靜拂子陵閒

勳彰學長榮任花蓮各省同鄉會總會長（冠頂）

曹君傑出古濰坊　勳纘先賢姓字揚　彰顯才能孚衆望　花蓮雅望德聯芳

老樹新花

玉山高聳白雲端　縱目鯤洋手挽瀾　古詠鄭王祠宇畔　梅花勁節歲凌寒

註：祠係台南府城古蹟

馬蕭勝選喜賦

——戊子詩人節、洄瀾詩社命題聯吟、並敦請

「天地人」三位詞宗評選，幸獲掄元。

馬蕭勝選展雄才　卓領群倫景運開　海國龍騰霖雨降　萬人稱頌立春臺

敬次奉酬陳教授冠甫贈詩

昔慕蘇髯效放翁　醉心詩畫苦難工　老瞻心月司明鑑　道契人天尙古風

註：陳氏署心月樓主，著有「心月樓詩詞心法」。

石梯坪觀鯨偶得位於花蓮東海岸景點

平洋浩渺映藍天　天際雲浮水噴旋　旋起鯨風千丈浪　浪花飛撲石梯前

胡理事長傳安寄示大馬訪遊詩讀後

率團參訪旅南洋　大馬吟壇漢幟揚　僑社人文宏聖教　遍遊名勝詠琼章

冠甫教授率團赴閩寄示詩學交流論壇鴻文讀後

臺泉雅結鷺鷗盟　盛會登壇論著宏　效法先賢詩證史　文旂卓展振天聲

題桂花圖

一枝丹桂半欹斜　綠葉層層簇簇花　得賞畫家神妙筆　徵題好句月籠紗

羅浮梅訊

羅浮入夢現瑤臺　月照梅林臘蕊開　一曲琴聲風遠引　老翁扶醉賞花來

闢山攬勝

花東縱谷訪闢山　命駕迂迴一日還　景物恢宏溪水曲　峰連海嶽卷雲鬟

敬賀中華詩學研究所以公副所長榮獲教育部學術獎

醴陵嶠嶽映晴川　毓秀鍾靈德業傳　學府精研宏論著　藝文巨獎譽高賢

敬次以公近作「教授家」元韻

詞宗宿望富才華　濟世文章譽大家　耋歲優遊登壽域　清詞逸韻味如瓜

宗君潛道兄榮獲蘭陽文學獎賦賀二首

蘭陽古蹟史揚芬　虎字碑前樹一軍　韻占梅花高格調　琼章競賞卓超群

環山面海蘊靈奇　噶瑪蘭風盡入詩　瞻富君才成藻繪　文壇載譽力匡時

附：宗君潛道兄次韻誌謝

躡塵難及是清芬　格律嚴於細柳軍　徼幸先人有餘蔭　得教弱羽伴鵷群

「江西」嗣響世驚奇　鯤島河山幸被詩　吾祖誠齋應最樂　旌門有後聖明時

賀湯傳順先生榮任花蓮長青書畫會理事長

書兼四體竟深功　筆墨圓融氣勢雄　創導長青孚眾望　選賢接纂表欽崇

賀湯大凰女史心耕畫室展業

皖中山水毓奇英　學府專修藝卓成　繪事精研金石雅　德安分館遠揚名

兩岸荷花三藝聯芳

亭亭玉立冶紅妝　出水芙蓉浥露香　競寫風華高格調　詩書畫藝展琳琅

拜讀冠甫教授新芹溪九曲抒感

芹溪九曲賦神遊　雅紹文公孰與侔　妙筆題詩臻畫境　古今吟詠託清流

水月

清風水上渡芳津　佇望江城月色新　少日倚欄閒弄笛　祇今猶照白頭人

居停抒感

賦歸心未羨蓴鱸　戚友盤桓德不孤　悵望桑榆垂薄暮　杖藜難覓輞川圖

夏教授國賢與秀峰宗長序贊詩奉酬

古今難得是知音　緒贊斯文見道心　海客題襟耆宿望　陽春白雪仰高岑

劉伶醉

新春雅宴且揮觴　郢客高歌酒溢香　席上嘉賓珍餽品　劉伶古釀韻賡揚

花事

一年花事盡三春　羡賞風華不染塵　望古心期傳逸韻　題襟對酒仰高人

己丑端午弔屈原擬作

長沙弔屈曾投賦　楚國山川盡入詩　海客毫揮牛斗氣　洞庭春淥灑崇祠

謁祥德寺太魯閣景點之一

天祥寶塔映朝暾　古寺登臨拜佛尊　石徑欹斜通淨界　鐘鳴谷應響晨昏

寄園詩選卷二　五言律詩

瑞金　楊世輝　奕文

從戎己丑初秋

喪亂從戎去　渾忘問死生　辭親思報國　投筆豈圖名
撫劍情懷壯　揮戈意氣橫　傾危天塹破　旦夕賦長征

軍旅六首

筠門嶺轄會昌境

曉發筠門嶺　曦微草露濃　雄關屏百粵　隘口鎖千里
號角迴空谷　旌旗指遠峰　秋風聲肅殺　所向觸機鋒

吉潭宿營

七月天流火　征人汗濕襟　繞行山路遠　旅次水潭深
薄暮分篷宿　清宵值哨任　仰瞻河漢瀉　欲挽一長吟

武平山行閩粵邊界

荒雞催曉色　月淡曉星明　卒令戎裝整　偵傳斥候鳴
武平蠻瘴觸　峻嶺壯心驚　閩粵開襟抱　蓁荆曲徑迎

次宿荒砦

粵砦久荒遐　盤登路徑斜　林間無井灶　谷口有人家
野老壺漿供　露營篷帳遮　行旌雲外指　明日向天涯

嶺南

嶺望天遼闊　南行矚遠眸　輿圖開郡邑　隘曲起碉樓
內陸時傳檄　邊河日泛舟　兼程倥偬色　入暮抵梅州

駐安埠途經揭陽乘輪船抵潮安

安埠設行營　海隅秋氣清　燕雲侵嶺表　雁影掠江城
夕讀曾胡語　朝操劍戟鳴　憑誰危局挽　仰嘯不勝情

別神州

揮手別神州　何當作壯遊　山川猶帶厲　景物賦清謳
去國人紛擾　思鄉自隱憂　師干臨海渡　日暮悵悠悠

夜乘海辰輪東渡

秋夜月輪高　蟾光照碧霄　汕頭燈火遠　海上斗牛搖
士氣擒狂浪　歌聲抑怒潮　天風涼泛泛　旅夢已迢遙

註：時爲己丑八月十二日。

己丑中秋月夜感賦

旅泊逢佳節　宿營光景移　風搖椰竹影　月照海江湄
望夜人傷別　思親淚暗垂　家山千里外　禾黍憶離離

聞　先君由螺石墟歸雪中宿堺館

歲暮天陰冷　營生苦況聞　江干風獵獵　墟里雪紛紛

定蕩逢甥話　居延念子殷　亂離虧菽水　陟岵望寒雲

註：姑家住故邑石水鄉，定蕩排，係通往螺石墟江岸險隩名。

椪柑頌 新埔特産

嘉樹生南國　枝繁綠葉重　花開榮孟夏　果熟盛初冬
美味賓朋贊　貞懷霰雪溶　丹黃柑椪列　歲祀薦華宗

早梅步唐齊己韻

庾嶺初飄雪　飛鳴一雁迴　久荒祠宇畔　又見臘梅開
玉蕊傳春訊　瓊枝入夢來　雄關盤驛路　儗上漢雲臺

註：齊己：唐代著名詩人。

春霽

陌上春風早　雲天霽色開　綠舒溪畔柳　雪盡隴頭梅
物象占新運　山川毓俊才　清流聲遠引　駘蕩氣紆回

秋夜旅懷

旅館一燈明　悄然孤客情　猶聞金縷曲　卻寄玉壺清
月淡雲無影　秋深夜有聲　寒蛩鳴斷續　促織過三更

遊獅頭山

古寺獨登臨　高巖暢遠襟　煙蘿迷曲徑　杉檜蔭幽岑
海上波濤闊　山中歲月深　天開靈境靜　籟韻伴清吟

大膽島戰役大捷

大膽懸孤島　金門壁壘營　守軍張火網　犯敵湧潮聲
鏖戰星辰黯　清揚曉角鳴　陣中傳捷報　壯烈表英名

註：時金門大膽島戰役守軍，係陸軍七十五師：隸屬第十二兵團（大陸撤退、過境江西省時，所號召招編成軍之子弟兵）所屬官兵於斯役英勇奮戰，竟獲勝利，其中：賴生明譽為「三谿之魂」上等兵直陞上尉。周岳山譽為

「三谿之神」——入祀忠烈祠。

聞黃杰將軍率師由越返國

上將資韜略　恩威善用兵　指麾憑智勇　抗日立勳名
域外雲屯守　營中鼓角鳴　忠貞揚漢幟　嚮義渡蓬瀛

慈母頌二首

先慈劉太君春娣，出自瑞邑望族「世篤忠烈」門第上龍坊

母氏龍坊第　笄年插玉簪　賢良垂懿德　鞠育秉慈心
刺繡嫻精巧　溫言引勸箴　操持勤與儉　族里衆同欽

其二

慈顏思髣髴　逝影夢重尋　未負萱闈意　猶懷報國心
昊天恩罔極　滄海感何深　薦佛祈超度　蓮邦接引臨

歲暮懷鄉

玉嶺初飄雪　寒侵鬢髮斑　風聲鳴耳際　夜色掩簷間
海峽風濤惡　天涯道路艱　臘殘歸計拙　魂夢越千山

歸燕

客意憐玄鳥　南飛入夢頻　烏衣門巷冷　節候景光新
雨剪垂堤柳　風裁故國春　芹泥香滿嘴　寄語未歸人

梅雨

細雨連朝暮　黃梅鬱野坰　江村煙滴翠　曲岸柳垂青
旅夢迷歸路　尋思倚古亭　子規聲斷續　遊子不堪聽

竹林清賞

曉色分青靄　登樓矚遠眸　襟期招鷺侶　韻事屬溪洲
竹影風懷遠　林陰雅興幽　琴音嵇阮賞　一曲奏清流

劍潭秋夜

海氣飛虛白　蓬壺別有天　秋空橫雁陣　夜月望蟾圓
寶劍光騰斗　澄潭夜湧泉　騎鯨人已杳　神跡至今傳

鄭著「鄉思吟草」讀後

雁蕩勢縱橫　鍾靈毓俊英　襟懷何灑脫　志抱益恢宏
報國文章著　思鄉意氣傾　平陽歌義烈　寄望賦河清

註：鄭氏經生、籍浙江，曾任記者，特刊主編，暨情報工作，卓有貢獻。

詩人節懷沈斯菴限歌韻

午日思今昔　騷人感逝波　開臺詩播種　創社玉鳴珂
一線斯文繼　千秋盛德歌　少卿風範仰　海嶽碧嵯峨

與勉蓀訪松山莊氏紅梅山館

曉挹松山翠　修篁拱館門　興來親筆硯　趣得弄龍孫
道席花光照　春風笑語喧　詩書傳奕葉　漆吏署名園

註：莊氏故居彰化鹿港古鎮，其令封翁太岳先輩，於日據時期，嘗設館傳授詩學，嘗著「太岳詩集」其哲嗣幼岳亦詩壇名家，富藏書，自著「紅梅山館詩集」。

宗雪齋教授挽詩

一夕微星殞　詩壇迅震驚　悲風吹薤露　淡月映銘旌
雅範長垂式　清徽著令名　山齋空寂寂　草木黯傷情

註：先生贛籍豐城，政大專任教授，任春人詩社社長約半年，即告突然逝世。

感時六首

太華名中夏　人文物象明　漢唐歆典則　史蹟載精英
望治民心切　時雍法度衡　妄言終自悔　道濟挽蒼生

其　二

左海圖興復　元戎邁古賢　儀型瞻夙昔　位業繼蟬聯

碩德棠陰美　雄才幹濟先　靈芝徵國瑞　夏曆紀新篇

其三

克濟卅年間　群倫豈等閒　雄資名國際　奇蹟譽臺灣
淬礪齊莊敬　馳驅歷險艱　飛龍時隱現　風雨看雲還

其四

歲月去駸駸　喧囂感不禁　臨風思擊筑　拄杖聽鳴琴
草莽言偏激　潮流旋陷深　廟堂杯葛慣　問政失良箴

其五

讜論多中肯　吹嘘欲亂眞　俳優偏作秀　佞輩獨標新
海峽風雲湧　臺員雨露勻　同舟當共濟　衆望領群倫

其六

賢明膺鼎命　睿察創新猷　復建臻佳境　衡盱握勝籌

熙朝光百世　至德頌千秋　布濩揚風教　平章澤九州

奉懷鍾起宇鄉先生（集杜甫句）

雅量涵高遠　春星帶草堂　盍簪喧櫪馬　看劍引杯長
壯節初題柱　畸蘭奕葉光　世家遺舊史　寄語諭重光

朱府婚宴喜晤梁將軍君新

憶昔事戎行　長歌意氣昂　征塵沾草屐　守戍歷星霜
卓識深韜略　精英蔚國光　將軍儒雅望　敘舊感滄桑

鄉心何礙隔重洋（春人社課題）

老境難爲客　鄉心片紙傳　重洋波萬頃　隘嶺路三千
歲暮親情訴　稔荒骨肉憐　亂離思故里　陌柳夢魂牽

歡迎世界詩人菈臨台北（限支韻）

四海嘉賓至　江城壯釆旂　和平同展望　正義共匡持

友國崇風雅　吾邦尙禮儀　騷壇開盛會　宴奏鹿鳴詩

重陽感賦似諸吟友

幾度重陽節　黃花發古香　馳車沿仰德　縮地慕長房
海上秋風冷　山中草木蒼　二三知友聚　作健且揮觴

思謙先生榮獲金陵奬招飲次賀

勝友初冬會　雙溪映綺霞　臨軒無俗客　接席盡名家
雅韻揚鍾阜　清泉釀菊花　金陵歸載譽　置酒醉雲涯

賀世煥兄長梅園新居

梅園結構新　僻靜遠風塵　曲院盆栽雅　高樓品列珍
虔誠心悟佛　導引氣通神　夙慧嫻書畫　長年樂賞春

埔里潤柳表弟送茶

霧社高山種　茶名遠近聞　清香凝秀色　品味挹靈氛

火候沖融象　湯涵掩映雲　感君今見饋　勺瀹動星文

城南月讌二首

館外蛩聲促　良宵翰墨聯　清風迎客至　明月照人圓

舊侶心猶壯　新詩句益妍　城南揚雅韻　讌賞樂忘年

其二

晚節境清嘉　南園菊正花　開樽酬俊彥　占句見高華

市井歌聲醉　城樓月影斜　撫臺遺澤在　望惜故侯瓜（撫臺：係劉銘傳）

詠臨濟護國禪寺三首

古寺名臨濟　凌空殿角峨　圓山登覺路　砥石證恒河

寶相光寰宇　梵音響曲阿　大悲心護國　佛法蕩妖魔

註：圓山古出土大砥石，於癸卯春、由住持白聖大師法書「無住生心」刻石上金字，予以安置，用鎮山門。

其二

負郭隱叢林　紅塵近不侵　禪門僧駐錫　海國佛光臨
淨界開靈境　菩提證道心　韋陀持杵立　護法仗功深

其三

閶闔天閽動　破曉寺鐘鳴　宿霧籠蓬島　朝霞曙海瀛
仁王幢佛現　罰曳鬼神驚　法力輪迴轉　祥光萬象呈

贈詩經學會何會長南史博士

水部紹尊先　柏臺持節堅　風鈔資密勿　雪案寫瓊篇
博士才名顯　高軒翰墨聯　騷壇揚正義　健筆得眞銓

春日即事

臘信催春至　韶光照水流　敲詩驚物候　覓句憶芳洲
老去神猶王　心閒韻獨悠　燕雲迎海客　竟夕話高樓

註：臘梢立春，北京正舉「焦唐會談」故云。

春分海上題襟

海上春山媚　城南一放吟　看花人欲醉　裁柳燕分陰
老慕羲農志　長懷管鮑心　耆英崇古誼　樂與共題襟

七夕吟（春人詩社課題）

月柝思霄漢　流雲逐素波　鵲橋飄淚雨　牛女渡星河
夜半蛩聲急　秋涼絮語多　人間祈乞巧　擊節且長歌

甲戌仲秋首度還鄉感賦七首

——時與表弟李潤柳暨宗親同學等九人，結伴由香港轉機梅州，次日乘車經粵贛山道，經長途顛簸竟日始抵達故邑瑞金。

歸程

羈客別蓬瀛　還鄉結伴行　歸思連雁陣　遂計趁雲程
百粤關山險　千盤車駕驚　風塵旋故邑　燈火萬家明

梅州旅次

客自雲端降　梅州景物呈　繁華新貌換　綠蔭老蟬鳴
佇望鄉關遠　縈懷貢水清　思嚐鱸膾美　把酒話班荊

丘陵巡禮展墓

陟屺歲頻更　遲歸拜祖塋　諸陵形異象　環翠拱佳城
惘惘音容儗　蒼蒼草木榮　百年餘太息　感念不勝情

設宴會親友

袖拂秋雲影　歸懷水鏡清　虛堂花醉客　薄宴酒盈觥
戚友重歡聚　桑榆別緒縈　鄉音聞悅耳　談笑快平生

奉酬世密宗兄暨昌蘭德銓德泉元亮諸知友

白髮上華顛　星霜感萬千　還鄉償宿願　旅夢占因緣
塔影綿江湧　山屏筆架連　故人雞黍約　話舊醉樽前

南岡故居二首

隘嶺浮雲影　南岡傍故淵　橋樑通古道　閭里散風煙
歷盡滄桑變　何期子侄賢　鄉邦存典範　啓後續新篇

註：隘嶺：邑東南贛閩界嶺，故居南岡村，位於綿貢於郭外匯流深潭畔，「雙江望月」列瑞邑古代八景之一。

其二

今秋歸故里　觸目景蕭然　老屋榱多朽　小樓軒半懸
親朋欣見訪　戚誼表言宣　古俗猶淳樸　吾詩證夙緣

榮菊族長枉駕故居乙亥秋

南岡賸敝廬　比歲建樓居　昔憫先嚴厄　今迴長者車

宗門尊宿望　郡邑載嘉譽　客子懷清德　衷心感佩琚

訪世密宗兄下埧

緒衍綿江畔　吾宗下埧居　院中廳室靜　戶外竹風徐　妙手稱無忝
仁懷樂有餘　儒醫傳濟世　奕代帶經鋤

宜春客次

遠駕袁州道　峰巒畫境開　名園花競艷　玉帶水瀠洄
秀毓風騷主　奇稱鄭谷才　鷓鴣聲譽召　客賦望春臺

春社日

社日寒猶峭　天開霽色遲　連朝雲釀雨　歷歲鬢成絲
舊夢渾無跡　新春例有詩　餘霞將散綺　鍊句尚清奇

落花時節子規啼

穀雨花飛盡　鵑啼動客思　乃翁嗟節物　少婦嘆空帷

歲歉茹充餒　社寒薪斷炊　暮春煙水渺　幾度誤歸期

悼念愛國藝人鄧麗君二首

巨星驚殞落　風雨黯蓬萊　感念雲英女　矜揚雪嶺梅
人間傳逸韻　藝苑譽奇才　淑範昭青史　千秋獨占魁

其二

拂袂駕瑤池　耗傳四海悲　清歌聆婉約　倩影望迷離
絕代風華挹　眞誠秉賦持　芳心明月照　美意繫人思

消夏吟

酷暑思清籟　偏教夏令長　炎氛蒸雨露　烈日灼苞桑
啜茗心疏宕　撫琴逸韻揚　亭陰消晝永　靜挹竹風涼

秋詣高雄佛光山

興會秋雲引　車迴翠谷間　叢林開勝境　梵宇擁靈山

淨界瞻尊佛　光中仰聖顏　善緣參定慧　念念叩禪關

謁淡水忠烈祠

往謁崇祠靜　登臨淡水長　英靈垂典範　祀享獻蒸嘗
令節秋蕭瑟　旌坊字勁蒼　屯山雲靄靄　肅敬執心香

淡江秋晚

海澨兵塵靖　芒花接戍樓　漁舟依曲岸　夕照漾清流
薄暮人爭渡　登船語未休　淡江風月夜　客次醉心酬

宗曉蒼君著「我的母親」題後

覯閔念慈親　相依歷劫塵　憂傷憐孽子　血淚訴嬴秦
泚筆西江水　揮毫南浦濱　冤情終湔雪　孝道感天人

小樓一夜聽春雨

二月春寒夜　小樓燈火明　烏雲浮幻影　白雨灑清聲

坐聽塵心淨　恬思歲序新　蕉窗縈籟韻　拂曉卜新晴

塵網

一覺繁華夢　花開幾度春　長河流日夜　往爭逐煙塵
古聖心明哲　先賢性本眞　松梅標勁節　遠俗仰高人

次谷風教授滕王閣元韻

閣攬南州勝　登臨汲古芬　西山籠暮靄　章水映朝雲
雅什千秋韻　奇才一序文　鄱湖含翠黛　雁影帶斜曛

歐陽著「呂本中研究」讀後並敘

——渥承歐陽文如博士惠贈其宏著：《呂本中研究》專書，拜讀敬識呂公字居仁，學者稱東萊先生，列宋代大詩家兼理學家。詩尊黃山谷爲宗，嘗製「江西宗派圖」云爾。

博雅鎔經史　著書承宿儒　廬陵光奕世　荻畫啓宏模

力振西江幟　寫成宗派圖　詩心參造化　點雪滴紅鑪

東萊先生詩讀後

夙竟游楊願　心參衆妙門　一枝梅傲雪　九派水探源
客寄悲南渡　花開憶北園　紫薇詩證悟　月照影無痕

註：游楊即楊游之倒裝句，謂師事賢者楊時與游酢之門，類似其師「立雪程門」傳爲儒林佳話。又呂公著作宏富，內涵「東萊先生詩集」及「紫薇詩話」。

參觀台北故宮博物院特展

己卯春將暮　故宮環翠櫺　珍藏希世寶　陳列典儀型
書畫觀神妙　鼎彝鑑史經　晉賢觴詠會　宛現古蘭亭

板橋梅龍館餞別詩友訪大陸

詩翁將暫別　祖餞動微吟　館外旌飄逸　杯中酒滿斟

朋簪遊故國　杖屐訪高岑　勝景題佳句　歸來譜素琴

詩人節感賦

屈子懷忠憤　離騷寄托深　沅湘流逸韻　蘭芷佩披襟

令節標蒲劍　昌詩賞雅音　先民宗社契　河洛調長吟

「紅樓風華」專書題讚

——宗親吉人先生研著

警幻仙蹤杳　紅樓序曲鳴　金陵釵影動　巨構景觀呈

麗質心靈契　夢花妙筆生　夙緣風月詠　賞析見深情

秋訪嶽麓書院次谷風教授元韻

嶽麓湘江曲　秋雲引領望　黌門遺古蹟　丹桂吐清香

入覽珍藏品　深窺大講堂　流風餘韻遠　學府耀文光

註：門額「岳麓書院」並配楹聯：惟楚有材　於斯爲盛。傳於一九二六年，

附近另建「湖南大學」。

過賈傅祠己卯秋

貶謫長沙傅　高才矚目驚　匡時傳策論　弔屈自傷情
古蹟標風範　崇祠座太平　湘江秋雨冷　此過客心傾

註：古祠位於長沙市西太平街（古定王城境）由其故居復建，祠宇堂皇，列爲省級古蹟文物保護單位。

賦登岳陽樓

迢遞巴陵道　車馳載客遊　湘流迴夢澤　帆影逐雲浮
古蹟詩文萃　風光景色幽　層樓登覽勝　浩渺賦清秋

註：岳陽樓外湖畔平台，今猶屹立「南極瀟湘」等石坊古蹟，甚爲壯觀。

展望新世紀

——中華詩學研究所，馬副所長鬻翎老宏論：「廿一世紀，中華民族的使命」讀後，感賦一律！

兩岸淵源遠　臺員禹貢隅　朱明封郡邑　閩粵拓蓬壺

版籍連江漢　人文著典謨　中華新世紀　統一展雄圖

感時二律入韻 集杜甫句

鳳曆軒轅紀　觀圖憶古人　英雄餘事業　薄宦走風塵

政簡移風俗　詩清立意新　感時花濺淚　傳語故鄉春（春感）

其二

聖朝無棄物　吾道付滄洲　壯節初題柱　行藏獨倚樓

荒庭垂橘柚　滿壁畫瀛洲　玉露團清影　天寒耐九秋（秋感）

秋興裁詩偶得並敘

——南宋大詩家陸放翁言：「文章本天成，妙手偶得之」妙在工剪裁也。方子老晚近賦秋興七律一首，試就原題，裁成五律云爾。

老圃秋容淡　霜天策短筇　砧聲催木葉　雁影度雲封
菊供裁詩料　蘆迷避世蹤　客心驚歲月　林壑自生胸

早梅

寂寂山村曉　初冬露冷時　溪邊梅早綻　竹外鳥先知
乘興探疏影　歸來綴小詩　故人遙繫念　屬句寫幽姿

甯著「守愚吟草」讀後

——古典詩社甯理事長佑民宏著

稻江風月好　詩酒結鷗盟　秉性惟忠愛　知君本俊英
守愚賢德顯　持志雅言清　一卷吟篇著　襟懷古典宏

喜壽書懷

七十籌添七　揮毫斗柄回　慈親恩罔極　白髮日相催

北海衡文宴　南山益壽杯　辰迎秋菊綻　佳氣滿蓬萊

曉望

曉起行舒望　煙籠竹樹林　山居涵靜境　鳥哢悅清音
地僻情懷遠　瀾洄海水深　耄年疏筆硯　守拙偶耽吟

歲朝

雪盡曉山青　松筠養性靈　新春添白髮　舊夢付滄溟
仲蔚蓬廬士　太元石室經　古賢高品節　徒倚子雲亭

附錄：甯理事長佑民和章

蓬萊草木青　人傑地鍾靈　弈局呈新貌　歡聲動巨溟
歲朝詩競賞　荊棘路同經　樂奏迎春調　神馳愛晚亭　甯屬湘籍故云。

宗君潛詩家和章

歲旦草青青　騷人筆有靈　詞宗姜白石　詩法李滄溟

漢苑酣遊過　羅浮醉臥經　升沈陰騭定　不借頌云亭

註：云亭典史記封禪書。斯亭位於泰山。

奇萊春曉

挹翠群山擁　奇萊聳主峰　寒梅花獻瑞　古寺曉鳴鐘
野老扶藜杖　新春占歲雍　題襟聯雅誼　社酒味香濃

秋夜獨酌

酌酒懷知己　寒燈照影孤　淵明歸故里　海客寄蓬壺
晚節霜華綻　鄉書雁訊無　秋風蕭瑟夜　感賦羨蓴鱸

洄瀾詩社成立五十週年慶

社慶光蓮邑　襟期續鷺盟　扶輪尊大雅　接席仰深閎
五秩春秋盛　三台景物縈　洄瀾詩壯美　浩唱振天聲

泰魯閣

長春祠宇望　寂寞屹山阿　柏樹叢蒼翠　泉聲激素波
遊人時讚歎　泰魯古賡歌　縱目探奇險　題詩費琢磨

蘇花道上

見說蘇花道　依山傍海灣　紆途生險象　轉瞬墜煙鬟
耳際潮聲湧　車穿隧道間　斷崖驚陡峭　畫境出荊關

丙戌人日花蓮洄瀾詩社雅集

——由社長王鎮華先生主持，席設東海樓，時陽春映瑞靄，喜見嘉賓雲集，會場並展出書畫云爾。

玉嶺飄風雪　梅開歲序更　迎春花競艷　向曙鳥爭鳴
雅讌耆英萃　藝壇書畫精　洄瀾新氣象　喜賦海天清

按：春花競「艷」，耆英薈「萃」，均屬常態，上列二字尚稱自然貼切（花不待風吹，人尚未酒醉），無須更易。

附錄：徐教五詞文和章

柳綠將舒眼　蓬壺歲又更　堂前春酒宴　樓外管絃鳴
畫盡維摩美　書都逸少精　騷朋同擊節　人日頌河清

春雨

二月花爭發　春寒雨細飄　水田飛白鷺　阡陌盡青苗
潤物蒼生喜　知時節候調　吟詩懷杜老　入畫景難描

註：唐杜甫「春夜喜雨」詩有「好雨知時節」句。

初夏參訪布農部落（桃源村）

令屬清和日　花東遠駕遊　布農居古樸　部落境清幽
舞唱歌聲妙　廊陳藝品優　雲山深隱處　探訪影空留

中元即事

慶讚中元節　民間祭祖先　廟埕開法會　港口放燈船

鼓樂鳴南北　儀型合道禪　孤魂招普渡　善俗敬祈年

中秋月夜感賦

賞月中秋夜　蟾光照眼明　懷鄉勞夢寐　羈客老蓬瀛
野外蛩聲急　空中露氣清　及時鍼弊病　擬作不平鳴

寄園詩選卷四　七言律詩

瑞金　世輝　奕文

聞重建滕王閣感賦民紀七十五年丙寅秋月

極浦遙天古蹟殘　空餘傑構耀文壇　雕樑畫棟呈精緻　飛閣重樓復壯觀
海客羈懷縈故郡　湖山入夢漾清瀾　洪都攬勝思今昔　待賦登臨望遠巒

歲暮有感

風塵羈旅感蹉跎　白首窮經尚琢磨　振藻奚如司馬筆　匡圖孰奮魯陽戈
河山未復心籌策　世事難平海起波　且詠梅花冰雪操　春先一曲伴高歌

癸亥人日憶昔擬作二首

夜吟長句紀靈辰　願葆初心一片眞　傲雪寒梅知報歲　搖風瘦竹自迎春
水流花放青衿舊　斗轉參橫節序新　喜望寅清饒逸興　杖藜容與嘯松筠

其二

少日遐思慕雅馴　小齋清供伴琴樽　羹調七菜貽鄰餉　酒釀三缸待客溫
雪霽光浮嵐影動　春寒旭照鳥聲喧　山城景物蟠胸際　率意題詩寄故園

歸夢 仿用唐鄉賢鄭谷詠鷓鴣韻

隴頭春曉過前溪　客寄天涯夢竹西　夜半敲窗寒聽雨　更闌孤館臥聞雞
新秧出水青初長　細柳含煙綠未齊　昔別鄉關遙悵望　催歸費盡子規啼

中秋夜望月詠懷

銀漢無雲月又圓　月圓幾度客中看　陰晴圓缺殊清絕　離合悲歡意料難
月映清江歌水調　賦成赤壁壯波瀾　神遊故國今非昔　淚影啼痕湧筆端

甲子重九

故園久陷紅桑劫　避地登臨感慨多　莫遣孤懷空悵望　聊耽叢菊醉吟哦
霜華高潔徵秋色　詩酒清嘉獨浩歌　朗朗乾坤舒正氣　蓬瀛景物靄融和

秋日懷故里

鉢嶺雲封匝地陰　綿江水冷杵聲沉　千章古木傾悲劫　一卷清詩費苦吟
曲士難鳴金石韻　高人愧抱聖賢心　鬢霜歸去覓松菊　梓里滄桑何處尋

註：鉢嶺，指銅鉢山，乃瑞邑主峰，高入雲表。山頂古刹猶存「綿江第一峰」古磨崖石刻。

歲暮偶憶鄰近山村

竹園山下幾人家　夕照空林噪暮鴉　僻壤荒寒天色黯　窮冬困迫怨聲嗟
薯條煮粥充饑餒　黍稷蒸糕應景嘉　憶昔承平豐歲臘　不堪粗糲度年華

古松吟

古松蟠曲守幽岑　不畏嚴霜霰雪侵　勵節凜然參造化　凝神自若豁胸襟
秦封未識凌雲志　陶令深知寫素心　歷劫此身容嘯傲　臨風謖謖起龍吟

奉鄉賢周慶光先生並祝嵩壽

譽滿鄉邦仰我公　襟懷德望衆欽崇　青燈繼晷文章顯　陳石鍾靈氣象雄

教澤謨猷垂範式　慧心佛性證圓融　騰芳甲第光邦國　晉頌九如大海東

註：鄉賢周邦道慶光先生，昔應國府首屆高考，蕊榜占魁，文章華國，譽稱「民國狀元」。曾任江西省教育廳長，政府播遷來台，繼膺任考選部政務次長。

林述三先輩礪心齋詩集讀後

壯節堅貞氣浩然　斯文德業至今傳　詩心燭照承先緒　天籟絃歌啓後賢

風雨雞鳴思古道　儒林望重誦遺篇　清適自號唐山客　醉月飛觴媲謫仙

註：林氏創天籟吟社，係台北傳統詩學會理事長，暨天籟社社長，林錫牙先生之封翁。

永和傳老秋鏞春宴

晴廬瑞靄映高軒　置酒嘉招醉上元　座列寅賓師友誼　筵開東主笑言溫

詩鳴擊鉢揚天籟　菊釀延齡養慧根　貞幹凌霜猶矯健　崢嶸歲月麗芳園

乙丑新春緗溪雅集

霽望天開景乍暄　江樓聯翰讚春元　盍簪依舊吟情洽　拈韻如常笑語溫
象外爻明占剝復　律中聲盪振乾坤　題襟共賞梅花綻　雅紹前賢德義尊

奉和文昭鄉丈迎年抒懷元韻

辛盤薦歲斗星移　倚玉凌寒沐旭曦　霽色搖空光北闕　朝霞曙海映南枝
三陽啓泰開元會　一旅中興兆濟時　禹甸春回周正朔　故園楊柳繫歸思

陽明山賞花得春字

勝日晴巒景色新　裙簪羨賞自怡神　鵑櫻競艷煙鬟動　桃杏爭妍霧鬢親
欲寫風華姿掩映　回思綺夢語相因　詩聲逸韻鳴天籟　釆筆襟題嶺上春

奉和陳社長慕萱憶遊武夷山瑤韻

玉女靈峰解客愁　音塵棖觸拂雲遊　虹橋落照心中影　丹鼎浮煙夢裡秋
文彥淵渟傳逸句　元龍豪邁上層樓　琴臺錦帙收吟篋　霽月光風屬勝儔

註：：宋理學家劉子翬字文彥。

網溪秋集

斯文幾輩今稱盛　雅契苔岑樂忘年　問道春先投北海　慕賢秋晚叩南天
網溪觴詠風流繼　菊圃花開韻事傳　接席江樓燈火燦　座中元白映華顛

註：：憶及此次雅集、應邀蒞會貴賓，計有：：劉宗烈、高越天、方子丹、王師復、曾文新、許君武、莊幼岳等，均係教授名家與騷壇耆宿，一一稿呈。

光復節後一日雅集限先韻

——中華民國傳統詩學會全國聯吟大會

勝會龍峒昌國運　清秋鉢韻動江天　騷壇雅集維傳統　員嶠風歌效昔賢
昨慶珠還都卅載　今揮筆陣萃千篇　神州極目吟懷壯　喚醒詩魂氣浩然

秋謁延平郡王祠二首

摳衣謁拜仰吟哦　拱壁留題感慨多　一樹古梅標勁節　數行豪翰映寒柯

江山計復終遺恨　海國疆開幸逐荷　郡領南明存正朔　晚秋風雨動悲歌

其二

靖臺安撫義旂飄　崛起封疆賦大招　祠畔春梅迎旭日　海門秋雨咽寒潮
崇功教化民歌頌　塑像威靈國姓標　閱歷興亡傳漢臘　仰瞻楝宇氣凌霄

敬次高教授一厂觀復山莊元韻

曉寒梅綻鳥闗闗　海上朝霞映玉山　客歲冰霜隨臘盡　故園松竹待人還
春回浩蕩青陽際　嶽峙嵯峨碧漢間　復旦光華開泰運　摛詞藻繪釆斕斑

臺北城懷古

稻江山色畫圖開　勝覽風光海客來　艋舺津梁人薈萃　城樓燈火夜璀瑰
石坊翰墨書文苑　庭樹甘棠署撫臺　古蹟遺徽光史册　緬懷先哲仰雄恢

三公廟薦頌

貂山古廟鎮瀛東　景仰千秋祀典隆　史册垂青存正氣　膽肝猶赤凜英風

回天乏力終全節　蹈海無言盡大忠　感念神靈祈護國　騷壇薦頌宋三公

註：廟祀宋忠臣：文天祥、陸秀夫、張世傑三位塑像。

丘倉海詩讀後

志懷吟詠倚樓東　痛失珠崖吐隱衷　酒後揮毫餘劍氣　花前灑淚悵秋風
嶺雲舒卷思無盡　海日昇騰興不窮　國士深沉多感慨　句中遒勁見豪雄

註：丘氏逢甲字仙根，清擢進士，乙未倡民主國，著有嶺雲海日樓詩集。

劍花詩讀後

臨風玉樹引吟哦　望重儒林力振珂　史筆椽書傳漢臘　劍花占韻逐夷荷
卓編詩乘光藜照　興采詞華映薜蘿　奕代斯文堪濟美　至今猶唱古梅歌

註：連氏雅堂、工詩文，著「臺灣通史」詩乘劍花集等，爲一代史家詩人。

雪蕉山館詩集讀後

孝廉儒雅譽臺陽　避地安南長漢庠　碩彥傳經嫺品藻　綺才舒采璨瓊章

君遊卓犖聲華壯　客返飄然鬢髮蒼　雪映蕉窗山館外　昔栽桃李自芬芳

太岳詩草讀後

漆園家學播台員　鹿港傳經啓後賢　一百年間名父子　三千里外故山川
儒巾偃蹇情悲憤　蓬嶠淪胥感黯然　雨屋深燈詞采燦　沉思卓著道心傳

註：莊氏太岳，家學淵源，日據時期，設館鹿港，傳授漢詩文。著有「太岳詩草」傳世。其哲嗣幼岳，少負才名，亦屬詩壇名家，著有「紅梅山館詩集」

枕髑髏齋詩讀後

武公神宇雅音揚　嶽峙淵渟引領望　藻思紛披瑤圃賦　風裁浩渺水雲章
論詩品鑑稱三昧　枕髑幽懷遍八荒　灑落靈襟元俊爽　尚餘清德樹甘棠

註：何氏揚烈號武公，湘籍，才學淵雅，曾歷知六邑，鳴琴賦詩，道載賢聲。

左海膺任柏臺，秉性清操，曾長春人詩社。

戊辰碧潭春禊 網溪社課

溪山晴暢禊潭濱　勝會欣逢及暮春　面水三間涵翠影　臨風六逸絕纖塵
碧廬文萃人俱往　石徑苔痕跡已陳　列座耆賢猶矍鑠　雅宜觴詠倍怡神

註：：碧廬：：昔年名士荻君武隱居處，曾倡立粥會，春秋嘉會、群賢雅集。

詠懷故國篇什感賦

寄跡蓬瀛歲月深　縈懷故國漫沉吟　河聲嶽色時迴蕩　蜀水荊山夢繞尋
筆捲風雲登泰岱　墨餘煙靄聳高岑　神遊勝蹟藏詩卷　雨灑蕉窗答賞音

秋懷八首

曙色曦微望遠岑　煙嵐滴翠瑣層陰　天風泛泛生秋意　海氣峨峨透葛襟
節候空嗟詞客老　杖藜猶伴古松吟　炎洲久旱烝民苦　願託行雲灑作霖

昨霄風雨過岑樓　兩鬢蕭蕭易感秋　杜老傷時吟自苦　蘇髯放棹賦忘憂

星臨戶牖搖疏影　燈照芸編擁敝裘　自適衡門容寄傲　一聲孤雁動鄉愁

鄉關遙隔白雲端　夢陟雙峰未覺寒　七子高吟秦塞月　九儀參拜漢衣冠
象占天地開新運　旆返枌榆拾舊歡　偶賦黃花酬晚節　親朋對酒樂盤桓

五老峰前霽色開　爐岑靄靄望崔嵬　湖山攬勝涵靈氣　景物留題屬俊才
荻水津亭臨晚渡　滕王傑閣聳江隈　天風鼓浪蒲帆壯　雅會重陽送客來

回首雲山渡海時　汕頭夕照壯旌旗　滄波極目茫無際　皓月當空悵別離
少日情懷天遠大　丁年行役地逶迤　寄聲鴻鵠鳴霄漢　晚歲羈栖自賦詩

九秋軍旅赴徵招　擊揖東溟挽怒潮　金馬烽煙酣激戰　臺澎風雨冷飄瀟

騷人座灑新亭淚　赤崁樓題故國謠　海上鷹揚傳捷報　英雄遠勝霍嫖姚

萬頃鯤洋靖寇氛　霓旌鼓樂動歡欣　珠崖血淚垂青史　玉嶺晨昏靄白雲
衆仰元戎光盛業　同欽睿哲策殊勳　政經興革民均富　歲穫風歌處處聞

平居小閣聽秋聲　寂寞清宵憶遠征　嶺上層雲遮落日　江邊疏柳拂行旌
百年離亂風塵老　一夕驚疑歲月更　故國縈懷勞夢寐　曉看天宇曜長庚

戊辰元旦頌

嶺梅花發韻賡揚　景象明夷凜雪霜　糺縵卿雲呈瑞靄　曈曨旭日耀祥光
聲喧鼓鈸龍蟠舞　律引笙簫鳳翥翔　歲喜豐盈民富足　長歌政美頌平章

天籟吟社淡如先生春宴賦謝

魏侯高雅宴鷗盟　式慕賢豪感盛情　列座彬彬俱碩彥　新春靄靄萃群英

華筵耀采珠璣璨　美酒浮香笑語傾　喜共今宵文字飲　層樓十五壓江城

方教授子丹八秩雙慶次賀

望重儒林大雅人　風華翰藻妙精醇　松筠凛節搖清韻　玉蕊凌寒占早春
壽相雍容襟度闊　神儀健朗法書勻　羨稱梁孟同偕老　喜晉桃觴歲序新

磊翁率團赴泰國參加世界詩會

一麾雲水御風行　引領星槎旅泰京　世界詩人來異國　華夷韻語譯同聲
同懷博愛關風教　共展和平息戰爭　曼谷堂皇開盛會　賢豪志抱樂觀成

陳子波詩家歲暮詩奉和

別署荊園幸識荊　才兼詩畫譽雙清　溪橋雪霽元無跡　水月花容若有情
寫出風姿梅影瘦　吟成雅韻客心傾　東寧寄跡春長駐　杖履優遊隱鳳城

瀛社八十週年慶 限豪韻

江城盛會萃賢豪　慶值芳辰競引毫　社創蓬瀛揚國粹　詩宗李杜振風騷

華堂美奐吟聲壯　傑構新奇格調高　八十春秋賡韻事　佇觀神筆捲風濤

花朝念母九十春

佛座拈花抑感傷　刹塵無相禮空王　慈恩罔報瞻何極　淨業虔修念不忘
憶昔沉哀縈夢影　撫今超薦爇心香　蓬山陟屺淒風雨　淅瀝芳朝黯北堂

雨荷次和泰京王誠博士元韻

陣雨斜侵翠欲傾　紅蕖照水向空擎　眼前宛現清涼境　檻外猶懸淅瀝聲
仲夏花開招舊侶　中秋月望證前盟　盎然風致成高詠　佛國飄香淨世情

卦山秋思 限肴韻

佛前回首卦山坳　遠客秋來俗慮抛　獨坐豐亭思故里　叢開瘦菊吐新苞
殘碑讀罷人深嘆　偶句吟成字細敲　港外歸帆波影晃　斜陽掛眼燦珠鮫

高教授越天米壽雙慶

浙東山水毓奇英　卓展才華仰令名　翊贊元戎膺重寄　歷知三邑載賢聲

儒林宿望韓歐譽　壽宇星臨極婺明　松麓樓前蘭桂茂　德尊常侍氣崢嶸

荊園老贈墨梅賦謝

久慕詩翁擅寫梅　小陽春寄一枝來　綺窗疏影玲瓏透　玉蕊瓊姿淡雅裁
藝苑揚名成獨步　騷壇著譽仰奇才　龍溪釆筆傳神韻　錦註揮毫斗柄回

梅傳春訊 春人社課

品題詩句本無邪　凜冽冰心氣自華　勁節高懷風舞雪　清標逸韻月籠沙
凌寒玉質仙姬步　映水樓臺處士家　破臘迎春情澹蕩　凝香喜綻二三花

中興詩社廿週年社慶

陽明卓幟振騷風　鼓吹中興志抱同　廿載壇壝聲壯闊　一時冠蓋氣豪雄
臺員昔已傳詩教　汐社今猶闡聖功　海上魚龍觀曼衍　文光射斗曜瀛東

母親節感懷

竭來回首盡成塵　一片童心感至眞　萱草通靈懷懿德　蓼莪含淚念慈親

音容宛在庭闈冷　夢影依稀歲月新　令節追思增悵惘　不堪花照北堂春

白露念神州

秋風蕭瑟怨聲嗟　露冷中宵北斗斜　去國庾郎思故闕　傷時杜老望京華
何堪水潦田廬蕩　豈獨年荒歲月賒　莽莽神州陵谷變　清江一曲詠蒹葭

遊摩耶精舍次貴尊詞丈韻

一代奇才仰大千　峨山毓秀藝精研　高超意境追摩詰　卓絕聲華媲鄭虔
臘像傳神猶宛現　風儀奕采尙相延　庭園結構饒幽趣　灑筆縱橫滙百川

人月同圓次蔡秋金詩家韻

亂離行役寄瀛東　夢寐鄉關繫念中　近喜家書聞梓里　遙憐子媳望蟾宮
清霄曲盡寒蛩韻　素影瑩臨冷露桐　海宇無雲秋夜靜　歸心對月與君同

遊達觀（拉拉）山神木林

新秋乘興作登臨　命駕巴陵勝跡尋　險道盤空經遠岫　輕車轉轂傍高岑

仰瞻神木煙雲歛　俯掬清泉翠黛深　曠古森林今讚賞　海天風月夜長吟

註：㈠達觀係紅檜神木林，經測示樹齡，多已超過兩千數百餘年，列爲國有森林管理維護。㈡此山海拔爲一六五〇公尺，屬巴陵群峰復嶺隩區。㈢時與同行詩老吟朋，夜宿山莊。

詠梅劉逸心詞丈寄示奉和

絳雪香飄小閣東　歲朝冷艷映霞紅　廣平文賦傳芳苑　何遜詩吟待月櫳
素抱冰心林處士　飛昇玉闕葛仙翁　清標勁節盟三友　夢得探驪大雅崇

抗日勝利五十週年感賦三首

蘆溝夜戍漏更殘　烽燧頻傳起釁端　海上鯨濤催曉角　城中將士罷朝餐
漫天風雨翳山黯　滿地干戈草木寒　挽救危亡同敵愾　長河落日映心丹

其二

敵勢凌空海內驚　東夷逞暴肆屠城　屢殲寇患攖鋒銳　誓掃倭氛戰陣橫

八載馳驅揮血汗　三軍奮勇矢忠貞　功崇偉烈昭青史　氣壯河山證舊盟

其三

遘陷侵華頻禍患　圖存抗日歷艱難　元戎昭示軍心奮　百戰終教敵膽寒
震世降倭摧暴戾　迎師舉國盡狂歡　回思半紀風雲幻　史蹟斕斑感萬端

臺灣光復五十週年慶　限刪韻

回思乙未割臺灣　半紀滄桑血淚斑　義士揮戈遺憾恨　英雄按劍恤痌瘝
重歸漢籍樞機署　續贊唐謨政令頒　憲治春秋稱鼎盛　詩吟合浦慶珠還

賀世界漢詩聯盟大會成立

中秋望夜月輪高　玉宇清輝照我曹　大漢詩聲迴曼谷　三唐雅韻響湄臯
群賢盛會情懷壯　佳節聯盟意興豪　苑耀星暹光射斗　海天遙企振風騷

秋興次和澹庵詩翁瑤韻

涼風向晚送秋來　菊蕊含英應候開　節近重陽詩興動　雲垂極浦雁飛回

晴軒翠挹芝巖氣　月夜光浮琥珀杯　德望雍容人雅健　時揮妙筆句新裁

龍頭山房和磊翁韻似諸吟友

文公才瞻擁書房　一拄龍頭啓瑞祥　日夕臨流人老健　溪山在望韻偏長
酒招舊友吟佳句　茗瀹清泉滌俗腸　口占秋分饒逸興　傳柑主客樂揮觴

古典詩社冬至盛會 時承乏秘書長

高標一幟樹江濆　鷺侶翩翩唱逸群　冬節題襟揚雅韻　梅花吐蕊占靈氛
嘉賓袖捲香江雨　耆宿毫揮屯嶺雲　候至陽生新氣象　爭看翰采曜星文

庚午人日雅宴芥子樓

臘梅花綻玉玲瓏　歲序更新景色融　雅宴靈辰招鷺侶　輕車轉轂揖荆翁
耆賢義秉春秋筆　巷體詩揚魏晉風　芥子樓頭呈瑞靄　仰瞻神驥踔騰空

絅溪詩社花朝雅集

花朝盛會敞華筵　約上江樓翰墨聯　勝日扶筇呼舊侶　芳辰對酒詠新篇

時逢令節春回暖　雨過網溪花更妍　郢曲清音流水韻　寄情楊柳散風煙

初夏村居二首錄一

青山隱約淡煙籠　節屆清和景色融　夏木扶疏塵障外　蓬廬卜築畫圖中
平居偶得舒懷句　近午徐來解慍風　寄望當朝時布濩　匀施雨露補天功

花蓮蓮社雅宴次曾文老元韻

初夏香塵宿雨摧　約探花市向東迴　車經遠浦瀾漪現　客訪高軒綺宴開
韻事賡傳詩有道　騷風力振劫無灰　聲揚雅正詞清美　月旦推評斗量才

讀離騷

騷經燦耀足彌綸　厥旨精微表藎臣　楚望山川悲逐客　襟懷蕙芷託吟身
宗邦繫念千年痛　氣節維持一片眞　鬱起奇文情跌宕　行吟澤畔獨傷神

次賀鄉賢李超哉先生米壽

八旬晉八鍥深功　德藝兼修造化同　筆競龍蛇生翰釆　書融漢魏振宗風

才名北海聲華重　壽域南山景象融　仰頌柏松春不老　滿堂花醉一仙翁

關西楊氏八修族譜頌（題詞）

瑞邑開基姓氏揚　溯源程水澤流長　簪纓世第人文盛　甲冑勳名史册彰
族譜重修崇義烈　宗風丕振啓賢良　凌霄筆架雲舒捲　合頌詩聲繞睦堂

蓬山吟望七秩初度登臺北觀音山

海上蓬山聳翠微　叢林古寺沐朝暉　鐘聲醒世敲殘夢　磬韻清心契忘機
石徑欹斜風拂竹　杖藜漫步露沾衣　曉登吟望襟懷澹　了悟仙緣旋賦歸

廖社長梅庵遣懷詩寄示奉和

秋鴻佇望御風來　遠浦蘆花照水開　得賞琴聲賡逸韻　更教樂府冶清才
屐登精舍推靈運　渌漲瑤池挹壽杯　汐社耆英崇大雅　一堂雍睦氣昭回

仙谿詩人樓落成詩會賦賀

瑯嬛福地起樓臺　上巳欣逢盛會開　拄杖仙谿春氣蕩　盍簪騷客鉢聲催

詩壇美奐呈鴻釆　閩嶠鍾靈吐鳳才　譽播東南蘭水畔　騁懷觴詠望崔嵬

敬題恕忠道長「恕園小築」

恕園幽雅署高名　卜築東郊瑞靄呈　海嶠天開新氣象　汀州客振舊家聲
臨軒靜賞蘭花馥　隱几閒吟竹韻清　朝暮松山遙挹翠　優遊自得契平生

臘八讌集龍頭山房

寒雲漠漠迫殘冬　送臘迎春興轉濃　日契玄機神爽朗　時觀氣象態從容
山房煮酒酬師友　几席論詩詠竹松　驛使朝傳梅訊至　相期勝日覓芳蹤

辛未人日即事

寒梅破臘迎新歲　細雨浮煙畫遠山　夜夢星辰迷渡口　朝聞簪盍扣柴關
晤言訪戴清溪畔　乘興探花碧水灣　慷慨陳侯招讌賞　醉人春酌駐朱顏

秋夜吟 次杜韻

星霜幾度憶楓林　落葉蕭疏氣象森　海客淹留經險阻　天涯羈旅歷晴陰

風塵感慨華燈夜　寂寞詩歌澹泊心　漫卷秋聲吟擊節　蒹葭流水響寒砧

網溪詩社十六周年慶

網溪風雅纘前修　韻事賡吟十六秋　老圃黃花徵晚節　驚人秀句屬高儔
耆英勝會篇章粲　詩酒聯歡氣誼侔　顧影飛鴻貽片羽　客懷遙寄仲宣樓

十月先開嶺上海

夢回庾嶺倚南天　策杖盤登拂曉煙　叢竹臨風迎客至　疏梅吐蕊報春先
瓊姿獨占瑤臺韻　玉貌眞如閬苑仙　索笑今朝詩興動　小陽芳訊雅音傳

賦得三峽星河影動搖 讀杜詩三峽懷古

白帝城荒草木凋　猿啼鶴唳景蕭條　星臨峽谷波洄盪　月照雲峰影動搖
閣夜詩成詞采壯　夔州客寄夢魂銷　蜀江天險驚聲勢　造化神奇北海超

中國火箭（太空梭）發射成功喜賦

西昌報道引長風　火箭穿雲入太空　科技精研驚國際　人文傑構著神功

天山雪映千年白　禹甸花開四季紅　薊北旌揚龍起舞　盛傳華夏世稱雄

註：中國萬里長城，矯若巨龍，又稱中華民族，爲「龍的傳人」故云。

寒山遠望

雲峰遠望隔塵寰　映帶蒼黃傍水灣　古剎疏鐘聲隱約　寒林飛鳥影悠閒
高僧駐錫名千載　雅客留題譽百蠻　妙句空靈成絕響　楓橋夜泊夢仙山

悼念劉前社長承周先生春人社

驚聞鶴駕返西天　碩果凋零感黯然　海上風悲懷古道　山中露冷咽哀蟬
儒宗承繼清徽仰　雅範周行義烈傳　汐社松雲迎望苦　孤燈照影讀遺篇

秋日指南宮雅集

凌霄殿宇映朝暾　勝會清秋叩紫門　破曉鐘聲驚鶴夢　催詩鉢韻振龍軒
指南奎壁文光曜　拱北星辰斗宿尊　孚佑中華維正義　同祈統一感神恩

辛未秋日訪林荊老

海國秋來感念深　扶笻結伴訪知音　人情向菊耽佳句　風意催蘭愜素心
几上無塵茶品味　花間有韻酒題襟　芥樓賢主名天下　仰挹芝眉話古今

歲暮書懷二首

遠懷鄉國又殘冬　暮靄朝雲幾杵鐘　塞北榆林聞笛怨　江南梅蕊孕春容
風鳴律轉詩思湧　臘報花開野徑逢　景象昭融傳逸句　乾坤一氣豁心胸

其二

日夕寒流湧海瀛　漫天風雨肆縱橫　暮歸關渡虹橋暗　遠望圓山畫閣明
樂歲千秋酬禹稷　熙朝百姓頌公卿　臘殘梅綻占春訊　寄望時賢淑世情

張英傑詞長歸國招飲次和

賓鴻遠至會良辰　置酒嘉招盡雅人　藝苑名揚書勁秀　騷壇望重韻清淳
躡雲文采樓頭賞　霹靂聲華洞頂伸　老拙扶笻陪末座　欣然共醉小陽春

玉山初雪（主峰海拔三千九百餘公尺）

玉山雄峙冠蓬瀛　絕頂凌空霽色明　瀟霰凝飄風凜冽　飛花旋舞雪崢嶸
聲催歲暮松杉冷　韻占春回海宇清　獨倚石欄憑遠眺　白雲舒捲寄深情

草聖詩豪限陽韻

柏臺高署仰賢良　鐵面銀髯氣宇昂　左海詩豪歌浩浩　臨池草聖筆蒼蒼
三原翰墨呈文釆　一代勳名蔚國光　百歲公齡賡十四　騷壇雅集漢聲揚

註：紀念于右任先生一一四歲誕辰，獲大會優選。

重九登高次和雨辰詞兄韻

登臨極目暮雲低　遠別鄉關悵望西　寂萎靈萱餘憾恨　空教遊子感孤悽
湘江荻浦秋風冷　貢水蘆花夕照迷　幾度重陽悲劫難　思親夢斷馬長嘶

霽望

聖哲人豪應運生　匡時濟世展恢宏　九州春色開新霽　一樹梅花證舊盟
麗澤朝暉歌楫渡　叢林夕照鳥和鳴　詩崇雅正揚風教　待賦平章海宇清

兩岸名家書畫展題詞（大漢書學會主辦）

蒼黃蠖略幾經秋　書畫堂皇攬九洲　點染丹青神妙逸　縱橫筆墨氣清遒
中華藝苑耆英萃　大漢天聲歲月周　彭老主盟揮采筆　雅聯兩岸盡名流

名古屋空難悼逝次方教授子丹元韻

忽聞空難感同哀　衆表矜懷接踵來　異域叢殘悲殞石　殊方烈焰引遺灰
魂飛古屋雲天黯　夢斷名區鬼魅猜　日暮風淒歌薤露　扶桑晼晚動泉台

伏教授壯猷試院衡文卅年詩寄示

秋闈校士得人多　壓卷文章氣象峨　大業中興才允濟　精英輩出學研磨
清宵望月詩高詠　試院煎茶水泛波　卅載司衡公雅健　且傳佳話樂融和

古典詩社成立喜賦

龍頭繡幟錦雲張　屈宋衙官萃一堂　譽滿騷壇重山斗　聲蜚海嶠協宮商
詩成古典元音振　社騁中堅正氣揚　麗澤宏開園地美　稻江南畔鷺鷗翔

鄧秘書長種玉春宴次韻奉酬

青溪竹影拂雲留　望古心期慕許由　靖節歸吟三徑曲　陶朱去泛五湖舟
蓬飄白髮韶光老　海立滄波妙筆收　雅詠陽春欣共賞　高軒置酒醉江樓

龔嘉老著景勝樓詩集讀後

夙膺才俊出儒林　譽播騷壇發浩吟　悟得陶公情淡遠　精研杜老意湛深
高懷逸韻成佳構　勝景傳神屬雅音　自寫藏山詩一集　斯文德業世同欽

靖安寶峰寺重建落成感賦

——中華學術院詩學研究所龔副所長嘉英先生發起廣

徵詩、聯

古剎重修溯盛唐　石門殿宇蔚霞光　九龍迴護開靈境　七嶺奔隨擁道場
寶相仰瞻神肅穆　柏松挺屹色青蒼　禪林勝景名遐邇　警世鐘聲渡水香

註：據傳於唐開元年間始建。

謁潮州韓文公祠

——敬次杭州毛谷風教授元韻

遠望潮州盡白雲　昔時祠柳拂塵氛　仰瞻神像宗師表　敬誦丰碑祭鱷文
治道經綸民感德　寓賢風範史垂勳　嶺南山水相輝映　昔駐征驂贊令聞

註：憶昔己丑秋，軍旅駐驂，往參謁。

參研禪宗六祖壇經偶成一律

偈呈無相絕塵埃　妙悟空靈頓忘懷　佛性印心心是火　菩提證果果為柴
三更入室傳衣鉢　一棹橫江渡水涯　指辯風幡俱動念　登壇說法振南陔

秋遊鬱孤臺次和谷風詩家瑤韻

贛州城郭接雲樓　縱目川原入暮秋　客倚孤臺山峭立　江分夕照水環流
蘇公翰墨增文采　辛老詞華益壯猷　隱約灘聲猶贊歎　沉吟憶昔惹鄉愁

登長沙天心閣感賦主閣額題：「荊楚名區」。

名區攬勝入幽林　畫閣凌虛暢遠襟　石刻諸賢同景仰　風迎過客共登臨
江流郭外沙洲淺　地控湘中楚澤深　閱歷滄桑增感慨　三台氣象引豪吟

孟冬書懷

東寧老圃菊猶妍　羨賞霜華信宿緣　海內山川迷客夢　眼前時事類塵煙
雄才不待風雲會　碩果休疑雨露偏　喜見南枝梅早綻　冬陽乍暖占春光

謁南嶽大廟戊寅秋

山迴路轉抵衡陽　信衆虔誠躋廟堂　大殿層樓恢氣象　丰碑古柏歷冰霜
欞星徧照湘湖秀　魁閣長盈翰墨香　舜德巍巍民載頌　祈如嶽壽醉霞觴

碧潭春曉

山櫻吐艷映朝暉　曉霽煙嵐鎖翠微　碧水清波舟盪漾　索橋投影夢依稀
鏡中華髮驚初見　海上風雲未息機　世變頻添今昔感　每觀花鳥自忘歸

奉和陳教授冠甫詠雲一律

澄江目送雲飛渡　古閣依岩客寄憑　地蘊風流餘遠韻　天開雨霽候高朋
湘懷極浦孤鴻唳　楚望層樓夢澤凌　顧我飄浮遊子意　載馳千里故山登

奉和陳教授冠甫三二九元韻

往哲興中睿智臨　百年回首氣消沉　黨魂喪失權奸陷　國脈衰微蠱毒侵
媢日僭夫盟社鼠　聯台易幟擾民心　木綿花隴行人少　寂照英靈淚雨淋

冠甫博士令堂九秩晉五壽慶次賀

儒林美譽聲華遠　錫類揚芬雅韻寬　仰慕慈親思不匱　清標勁節歲凌寒
萱堂日暖春暉永　海屋籌添壽域寬　桂馥蘭馨彰懿德　九旬晉五祝同歡

古典詩社十週年慶

稻江南畔振天聲　創社揚風十載更　耆彥相將高雅慕　詩詞析賞素心傾
賡傳韻事花爭發　雅契吟朋鳥競鳴　合頌台陽新氣象　寒梅破臘續鷗盟

南嶽晴雪

遠空凝望曙曦微　霽色寒光映客衣　衆壑群峰雲靄靄　叢林古寺雪霏霏
臘殘梅綻仙蹤杳　朔吹音疏雁影稀　嶽峙南天涵楚澤　春回極浦占花歸

春望

聲傳臘鼓迎春至　雪映梅花沁客心　拂曉雲霞明霽色　搖風竹露滴清音
千禧大海蒼龍舞　萬里雄關紫氣臨　景象融和延佇望　舉賢開濟徧甘霖

方教授子丹九秩晉一嵩壽次賀

磊落襟懷別署庵　寓賢聲譽美東南　中樞簪筆勳華著　大雅持衡品藻談
宿望耄年思益壯　尊臨汐社酒猶耽　仰瞻詞翰揮成采　晉頌岡陵峻嶺攀

春人詩社五十週年社慶

春到人間好賦詩　耆賢創社旨匡時　風雲際會標清節　雅韻賡揚振義旂
海上題襟懷故國　苑中籌策獻雄詞　斯文幾輩光鴻緒　半紀薪傳繫我思

山行有感次思謙博士元韻

策杖登臨興不孤　敦儒曠達署清都　青山靄靄花爭發　綠樹陰陰鳥競呼
悅耳松泉流逸韻　沾衣竹露散明珠　羡君釆筆時揮灑　凝現雲端赤縣圖

唯有詩心永不老

天將異秉賦斯人　運會明夷悟宿因　欲效耆賢思濟美　深研韻府意涵眞
恒持志節酬高義　雅契苔岑遠俗塵　磊落襟懷宏氣宇　詩心不老自長春

陳著荊園詩存讀後次和

先生錦笥富深藏　品藻風神鳳翥岡　擅寫梅花名藝苑　高吟白雪映唐妝
歸閩載譽光榕市　耋歲華堂獻壽觴　翰墨因緣尊雅範　寄懷良夜若參商

春興

梅花數點占新春　律呂和聲斗轉寅　待振朝綱觀府院　期弘社教重彝倫
遠揚神驥馳千里　力挽金鞍望九垠　妄論分歧徒自困　何當善策啓鴻鈞

劉治慶詞長八秩雙慶次賀

岡陵晉頌杖朝年　海鶴仙姿掠曉煙　志效湘鄉稱碩彥　長吟楚調播心田
華堂戲綵嘉賓賞　壽宴揮觴皓月圓　德業功名光甲第　優遊自在樂堯天

癸未上巳題詠

幾番風雨過清明　嶺嶠煙嵐擁翠旌　節候尋常增感喟　語文偏廢起紛爭
華岡黌廈耆英萃　典範詞宗騷雅宏　酒暖天廚賡韻事　鵑城盛會律揚聲

梅雨

濛濛細雨望重陰　乍暖還寒事苦吟　梅實黃催村釀熟　桐花白約客來斟
鳩鳴霧隴聲猶急　婦搗清溪怨益深　偶憶江南楊柳渡　遠山含笑似知音

夏夜聽雨

後山雲樹黯重霄　夜雨敲窗破寂寥　燈火三更思楚客　天涯萬里寄簫韶
老年窮困詩情澹　令節清和雅誼招　枕上聽殘聲淅瀝　一枝棲隱似鷦鷯

鄧前理事長種玉詩翁八秩雙慶次賀

世情常變幻雲煙　曆紀欣登釣渭年　迭奏戎功名榜耀　深研古典韻珠填
南山翠柏參雙宿　東海滄波滙百川　結綺仁懷長壽相　時揮健筆暮朝連

讀劍南詩選有感

少讀兵書空悵望　放翁垂老未揮戈　朝餐野藿沾餘雪　夜夢王師暗渡河
宋室衰微情激憤　中原淪陷氣消磨　劍南詩格臻豪邁　一卷千秋律鎮魔

湘潭馬光亞先生九秩壽慶

儒醫濟世仰高風　術德兼修衆望崇　閱歷滄桑明志抱　深研國粹感靈通
衡湘挺秀人文盛　龍馬飛騰氣象雄　客住蓬山春不老　岡陵晉頌壽如嵩

次和張濟川詩家中秋感懷韻

力振天聲壯海陬　僑居結社善籌謀　殫研國學弘詩教　素洽仁懷解杞憂
雅韻徐舒蘭竹氣　清音越引鷺鷗酬　中秋月夜潮初漲　浪擊蟾宮碧玉甌

登觀音山台北

秋來谷口拂雲煙　翠擁層巒現眼前　峭立奇峰瞻聖像　憑高古寺結仙緣
撞鐘紺宇聲迴盪　倚杵韋陀氣凜然　石徑欹斜通淨界　登參寶殿鎮南天

寄懷歐陽文如博士

揆度襟懷淑世情　西江返旆石鐘鳴　椿庭孝秉彰先德　學府儒尊享盛名
彭澤賢稱陶令仰　廬陵宿望玉堂宏　故鄉山水鍾靈秀　矚目崢嶸盡俊英

註：㈠敬識文如鄉先生、本名炯，祖籍江西彭澤（系出廬陵世家）曾任東吳大學中文研究所所長，望重儒林。
㈡指湖口石鐘山，乃天然奇景。山門豐碑刻有：宋蘇軾畫像，暨其所作（石鐘山記）山上並建「歸去亭」刻製陶淵明（歸去來辭）文采先後輝映，風流餘韻，而成名勝古蹟。
㈢「歸去亭」係爲紀念晉先賢陶潛（淵明）慨然辭彭澤令歸隱而建。

寄贈劉治慶詩家

欽君志抱效湘鄉　少壯從戎意氣昂　苦讀詩書宏德業　精研韜略濟時方
長征緬越蠻荒遠　久寓瀛洲歲月長　力振騷風傳盛譽　吟懷淡雅韻悠揚

註：湘鄉，乃世稱其鄉賢曾文正公，蓋其功名德業，均足爲世典範。

次逸梅詞長慈雲寺韻

龍山古剎靄慈暉　淨境清幽綠樹圍　世歷滄桑祈法雨　殿瞻寶相顯神威
誦經持咒心參悟　暮鼓晨鐘道不違　自種福田多善報　人間一念見知微

新秋

新秋旭日蔚朝霞　晌午蟬聲噪未賒　傍晚漁舟歸泊岸　尋涼伴侶踏平沙
低吟曲徑清風拂　遠望高山夕照斜　海角迴瀾迎過客　片雲飛引使君車

賀王社長鎮華八秩壽慶

識荊傾蓋道行藏　令譽騷壇姓字揚　勝攬巴陵湖水渺　吟懷故郡楚天長
忠標警署功勳著　義訓傳家德範彰　瑞靄盈門蘭桂馥　杖朝欣慶壽華堂

洄瀾夢土

曉空飛鷺掠清淵　旅泊洄瀾別有天　太魯奇萊登勝境　長春峽谷湧靈泉
鯉潭觀影塵心淨　玉嶺縈懷客夢圓　矚目神馳難盡興　醉人歌舞樂忘年

註：洄瀾係花蓮縣別名。

詠寒山子

寒巖隱現白雲中　石徑盤登向碧空　墅壁題詩傳逸韻　天台問道仰高風
聖朝宣化絃歌樂　德政昭蘇雨露功　劉阮仙緣人艷羨　鐘聲醒世動深衷

註：寒山子，據傳系唐天寶年間高僧，隱於天台山寒巖，故云。

賦賀姚理事長植八秩雙慶

請纓攬轡漢江頭　報國從戎騁九州　壯渡台瀛宏教澤　老耽詩酒遣鄉愁
羨如粱孟賢稱式　合頌衡嵩壽並籌　令旦華堂觀戲綵　杖朝行健樂優遊

洄瀾山水樂逍遙

奇萊攬勝冠花東　迤邐山川入畫中　九曲溪流秋入韻　七星潭影雁横空
風光矚目招遊賞　景色宜人贊化功　樂道逍遙敦雅誼　洄瀾盛會迓賓鴻

村居

卜居村野近田家　一曲溪山遠市譁　屋後松陰撐傘蓋　籬邊竹影弄窗紗
心遊物外心猶澹　境寓寰中境自嘉　少慕淵明歸作賦　老耽詩酒度生涯

劉榮生詞兄還鄉探親詩奉和

君歸故里欣償願　喜見親朋互訴傾　宴會關懷敦戚誼　聲華令羨寄詩情
三湘勝景湖山秀　千里雲程客夢輕　藉甚鄉音猶未改　高軒雅望表精誠

軼聞

軼聞鑾觸陷紛爭　海水瀾翻抑不平　玉宇沖寒探月窟　金甌待補望神京
蓬瀛禹貢輿圖著　赤崁旌揚漢臘明　紀變斯文傷國本　漫天風雨亂琴聲

暮春

惠風吹拂柳花飛　忍見瀛洲綠草肥　政局紛爭言亂緒　民間疾苦怨嗟欷
雲山悵望芳菲歇　梓里遙思夢寐違　老尚扶筇閒覓句　寄聲流水送春歸

敬題心月樓長句

——近承陳教授冠甫寄示：「正直感通惟有詩」鴻文，及其詩作名篇，讀後抒感

署題心月照經筵　宿慧靈明性稟天　望重儒林聲譽盛　宏揚國粹論衡宣
摛詞雅健呈文釆　立意高超仰聖賢　斗閣揮毫星拱北　長歌擊節古風旋

附：陳博士冠甫教授次韻答謝

承惠瑤篇勝綺筵　灑金牋下豔陽天　文章魁首吾何敢　道德婆心孰與宣
丕振國風懷遠志　中興鼓吹仗群賢　會當惡水全消盡　大地春回奏凱旋

臺閩兩岸文化交流詩友會

菊花當令雁鳴秋　幸會洄瀾樂唱酬　閩嶠遨遊參古蹟　蓬壺探訪擬仙洲

語通河洛淵源遠　文化中原典制優
合頌京華開盛世　迎賓步上海東樓

敬祝中華詩學研究所名譽所長張定公嵩壽

仰公高雅氣雄恢　夙紹湘鄉濟世才
譽滿三台衡嶽峙　書精四體漢唐該
詩壇卓領騷風振　黌宇傳經霽色開
海角秋深寒士頌　呼嵩壽晉菊花杯

佳節又重陽

何當對酒度重陽　海客棲遲鬢漸霜
雅召洄瀾鷗鷺聚　爰吟晚節菊花香
龍山落帽高風仰　夢得題糕逸韻長
佳節思親心愴惻　不堪人世歷滄桑

賦賀陳恕忠道長榮獲首屆國學創新優秀成果金獎

閩汀傑出有陳侯　雅健登臨百尺樓
勝選新詞揚海嶠　高瞻古檜譽神州
彩雲輝映風華現　藝苑凝香翰墨留
賦得寒梅花傲雪　清芬遠播占鰲頭

註：高中詞作調寄彩雲歸。

丁亥上巳感賦

暮春花雨落毿毿　嶺嶠嵯峨萬象涵　雅集耆英賡韻事　欣逢上巳憶江南
從戎渡海征人老　寄跡奇萊靜境參　歷覽明清遺古蹟　偶成長句共研探

岫山樓詩選讀後

岫山樓主筆如椽　廿載昌詩纘昔賢　傑出宿松勳卓著　弘揚古典藝精研
鴻裁格韻風標立　大雅襟懷珠玉圓　喜獲重頒珍拱璧　同欽選集永流傳

賦賀君潛詩家「柳園詩話」梓成

柳園宏著契覃思　國粹弘揚力濟時　雅韻如聞清廟瑟　高人善說古賢詩
展觀堂奧詞華璨　矩度津樑典範垂　望繼誠齋欽有道　宗門傑出譽英奇

林社長恭祖寄示讀柳園詩話與君潛唱和佳什依韻賦呈

山窗爽籟作濤聲　展誦琼章雅韻成　白雪陽春詩唱和　性靈神韻論持平
柳園宏著君才綺　閩嶠高涵海氣清　卓領春人孚衆望　杖藜翹首片雲呈

註：柳園詩話係宗門俊傑君潛詩家宏著。

丁亥重九後奉酬胡教授傳安一律

——拜覽寄示大作峨嵋湖風情放歌抒感

上庠傳道久揚名　國粹深研器識閎　析論推崇王孟韻　昌詩善結鷺鷗盟
率團參訪文旂展　重九長歌雅詠成　奕代高賢欽繼起　尚期匡濟振天聲

註：敬識近年中華詩學研究會組團，數度遠赴中國大陸參訪，均推舉由胡教授榮任團長，衆望所歸，名揚海峽兩岸云爾。

守愚吟草「第二集」讀後

賢才繼起手扶輪　卓領吟壇氣象新　國粹弘揚聲壯美　詩詞並擅韻清眞
守愚文質原彬蔚　安化儒風久軼倫　景佩功勳名早著　藏山事業益同珍

註：著者甯氏佑民，現長古典詩社社長。

次和君潛詩家于日本賞楓瑤韻

遠駕扶桑近夕曛　高人灑脫若行雲　溪沿奧瀨丹楓醉　路繞中祥白葦紛

雪景渾如摩詰畫　詩情恰與牧之分　瑤章展誦欽同賞　語寄歸鴻似贊勳

馬英九與蕭萬長先生當選第十二任

正副總統次張英傑詩家元韻申賀

三台選戰力爭先　道濟蒼生勝果然　載頌民歌揚紫陌　殷期德政仰青天

中華緒纘乾綱立　憲法宏規砥石堅　富國雄圖榮景現　登庸孚衆立峰巔

胡教授傳安當選榮任中華詩學研究會理事長賦賀

騷壇譽播震儒林　大雅扶輪衆仰欽　道繼朱公懷碩德　名揚漢苑振元音

賢才卓展聲華著　國粹弘揚感佩深　令節清和開景運　一堂耆彥續聯吟

秋聲

山居夜靜月如鈎　菊綻東籬屬晚秋　露沁寒蛩聲泣訴　風搖翠竹影深幽

思賢似誦廬陵賦　醉月如登淡水樓　指顧海天噓蜃氣　客懷蕭瑟望神州

註：㈠宋鄉賢歐陽廬陵脩公，嘗著名篇秋聲賦。㈡承谷風教授品評：結句含情

無限，允稱妙句。

附：陳博士冠甫教授和章

醉把珠簾上玉鈎　天邊湧現一輪秋　蛩吟大地寒砧促　木落千山曲徑幽
作賦歐陽聞北闕　填詞清照倚西樓　最難將息聲聲慢　雨滴梧桐憶汴州

註：頸聯上句，意指永叔在宋仁宗嘉佑四年，雖居高位，然有感於宦海浮沉，政治改革艱難，故心情苦悶，乃藉秋聲爲題，抒發人生抑鬱之悲慨！下句以後迄結，則寫易安既寡，南渡淒涼，不禁追憶十九妙齡嫁進趙府，時夫婿明誠猶讀書太學，每朔望謁告出，質衣取半千錢，步入相國寺，市碑文果實歸，相對展玩咀嚼，自謂葛天民之往事。

宗君潛詩家和章

貙膢祭罷下簾鈎　簷際鏦錚又報秋　桐落蕭蕭晨更寂　蛩鳴唧唧夜偏幽
浮名我比陳驚坐　佳構君凌趙倚樓　嘯詠商音詩律細　一時傳誦遍神州

註：㈠「漢書・武帝紀」：「三月祠后土。令天下大酺五日，膢五日」。漢儀注：「立秋貙膢。」蘇林曰：「膢，祭名也」。㈡漢書・陳遵傳：「遵字孟公……所到衣冠懷之，唯恐在後。時列侯有與遵同姓字者，每至門人曰：「陳孟公　坐中莫不驚動，既至而非，因號其人曰：「陳驚坐」。

壽豐攬揆八十秋

奇萊佇望鬱蒼蒼　暮靄朝雲引興長　阮籍詠懷時寄慨　陶潛歸隱賦行藏
山亭遠眺洄瀾壯　海氣蟠空逸韻揚　八十星霜勞夢寐　故園遙念繫苞桑

戊子上巳抒感次君潛詩家韻

嶺樹雲連淡水湄　高儔雅褉樂無涯　春深庶衆觀光景　閣萃精英勝晦時
學府華岡研廣韻　騷壇耆彥詠清詩　中興鼓吹伊誰繼　振鐸千秋仰仲尼

註：緬懷先哲張其昀先生，係昔年「中華學術院，詩學研究所」創辦人。

奉和胡理事長傳安教授領赴馬來西亞全國詩人雅集寄示

瑤韻

滄波萬里映籃天　一抹朝霞曜眼鮮　命駕飛航鷗鷺聚　昌詩結綺水雲連
高賢卓領騷壇仰　大馬聯吟雅韻傳　麗澤庥坡人薈萃　聲揚布濩樂長年

註：㈠文選張衡東京賦：聲教布濩，盈溢天區。㈡詩會主題：昇平共盼樂年年，云爾。

陳博士冠甫教授新九曲棹歌贊

——比歲拜覽尊作，敬識既乞靈於朱文公，益感其詞意，桴鼓相應，而風調，則若笙磬同聲。洵深得風人之旨。

武夷遙望白雲橫　雅客秋來續鷺盟　景仰三賢崇古道　賡歌九曲譜新聲
探幽履險臨仙境　乘筏凌波淨俗情　詠贊考亭瞻棫樸　瑤篇傳誦遍榕城

註：三賢：劉子翬、劉甫、朱熹。棫樸：係詩經篇名，引喻賢才衆多。

名家蔡鼎老獎飾拙著「寄園詩選」敬次奉酬

再揮椽筆賜題詩　益感陳侯藻鑑窺　幼誦瓊林多脫略　老參韻府少深知
雲連閩嶠鄉情繫　客寄蓬壺陋室怡　閱歷滄桑多感慨　賦存風義契心期

寄懷郭留園先生

嶺南喬梓夙家傳　雅契吟壇結翰緣　郭樸多才宜濟美　揚雄博采卻談玄
心儀奕世情懷澹　志握靈珠俗慮蠲　茗話高軒恂款洽　欽君豈獨筆花妍

敬祝宗親榮昌師九秩雙壽 丙戌冬月

年登九秩合稱觴　吉兆尊榮壽爾昌　極婺輝融光甲第　鄉邦德望慶華堂
大專講習菁英仰　宏著忠誠道義彰　兩岸兒孫多競秀　宗門世代永騰芳

名家蔡鼎老九秩榮慶賦賀

閩中策士誕仙鄉　頭角崢嶸宿慧藏　品學兼優膺重寄　詩文類著豈尋常
耆年德望陶朱富　大雅聲華翰墨香　九秩懸弧呈瑞靄　華堂日暖晉霞觴

春社招飲奉酬龍人俠詞丈（冠頂）

龍門樹德仰參天　人歷星霜志節堅　俠隱豪情懷璞玉　東寧逸興寄華箋
春盤美饌珍饈品　社友嘉招翰墨聯　日暖蓬壺融瑞靄　座中賓主醉如仙

蔡鼎老九秩詩書回顧展賦賀

九秩詩書展藝堂　仰瞻奎壁墨生光　于髯草法遺神韻　蔡老毫端浥蕙芳
衆喜高山飄瑞雪　咸欽文采映清霜　歲寒松柏呼嵩壽　遠紹仙遊祖德彰

次賀郭老雲樵詞丈九秩晋五嵩壽

汾陽遠紹摛清詞　德業千秋仰慕思　繼祖興唐光奕世　高才左海志匡時
心融漢魏書蒼勁　筆捲波瀾字偉奇　藝苑騷壇傳盛譽　榮登九五壽吟詩

寄園詩選卷五

五言古詩

楊世輝　奕文

鄉賢胡勉修將軍百零八歲冥誕頌詞

——將軍哲嗣傳安教授曾榮膺中華詩學研究所秘書長
今春當選榮任中華詩學研究會理事長

盧嶽鍾靈秀　屏風雲錦張　芝山迎瑞靄　賢哲誕鄱陽　陶侃聲威遠
白石詞擅場　翼軫控吳楚　奎宿曜文光　胡氏稱望族　科甲聳高坊
勉修公崛起　勁氣自軒昂　詩書傳奕葉　經史蘊縹緗　英武志匡濟
請纓效戎行　單騎深敵壘　招降撫閫疆　首功膺重寄　選訓赴扶桑
編練馴戰馬　陣勢奮駿颺　領軍馳討伐　累功晉中將　天水創騎校
秦川隴坻長　歷歷蹄聲響　秋冬履雪霜　大局時逆轉　關山別神傷
鼎運移東渡　參軍署廟堂　國大尊憲席　讜論義理彰　老驥志千里

贍富詠琼章　鼓吹中興日　愛馬歌重唱　桑榆垂薄暮　夢寐念梓鄉
兩岸蘭桂馥　四子競龍驤　百零八冥誕　薦頌德馨香　忠貞昭日月
黨國史旌揚

歲次戊子初秋　瑞邑鄉晚楊世輝敬撰

詠陶淵明二首並序

晉潯陽柴桑人，侃公曾孫，名潛字元亮，號淵明。志趣品格高潔，不慕營利，質性眞淳，自然而豁達。其詩沖穆澹雅，推爲隱逸之宗，文亦超逸高古（妙），世稱靖節先生。

沉吟高士傳　風拂東軒柳　景翳跡遠湮　翰墨垂名久　三秋賦晚節
雅契歲寒友　款然素心人　招飲巾漉酒　前賢宗隱逸　文采猶參負
神韻妙天成　眞淳涵渾厚　晚慕陶徵君　醺醺若相與　違道非吾願
英烈心所崇　彭蠡逸歸舟　泱泱映素容　任眞悅所悟　歲序永無終
餐英采籬菊　延佇臨高風　澹然識榮粹　樂志復何窮　千秋尊靖節

人在畫圖中

讀陶集歸園田居和元韻之一

讀書負逸志　及壯別家山　行役委征塵　困勉三十年　白雲依親舍
滄海嘆九淵　慨然傳解甲　歸憶舊園田　素心託沙鷗　妙音天地間
掃徑迎嘉友　傾吐醉樽前　回首荊榛路　閱歷類雲煙　駒光去駸駸
白髮上華顛　嶠峰歸鬱翠　騁目意悠閒　卜式衡門下　寄興自怡然

僻居

僻居棲海隅　風雨故人稀　夙興營生計　暮趁燈火歸
莫怨市廛近　塵埃落布衣　欣然見眞境　朝夕不相違

鄉先輩李仲恭仙學妙選讀後

古今尊賢達　知天參化育　李世卜文瀾　清芬挹淵穆　門第映方塘
風拂水漪綠　翠竹映芸窗　青燈夙展讀　子懷素儒雅　昔與周侯淑

友于笈京畿　世誼益敦睦　卓犖著聲華　氣誼若鮑叔　抒難遠鄉關
海隅寄幽獨　樂道尙古人　善行衆矚目　嫻雅擅詩文　著書仰涵谷
仙道妙虛靈　歸眞返抱樸　翰墨表欽崇　詩心猶對菊　紫氣自東來
松風寫芳躅

松麓樓主讚詞

——高公一厂教授歸道山五週年紀念

寓署松麓樓　蕭山氣象侔　高賢尊碩望　德業邁前修　赭龕鍾靈綺
勝攬錢江水　奕世毓奇英　早登科甲名　北伐膺參贊　元戎器重宏
義秉春秋筆　匡時論著衡　迭任三邑宰　治道載賢聲　樹垂棠蔭美
常侍孚衆行　經濟文章雄　詩詞境圓融　宇內名山立　菊澗仰高風
一厂天地間　大雅自雍容　忝列忘年友　長懷歲寒松

註：一、高氏祖籍浙江蕭山，故居赭龕之間，朔自南宋，貴宗菊磵公爲始遷

祖。

二、先生壯歲曾膺任參軍，嗣參縣長特考榮獲優選，迭長鎮海、龍遊，栒邑三縣，政績斐然，著作等身。

郭雲樵詞丈惠書墨寶並寄贈桐城合肥名家詩選

天柱屹皖中　霍山延邐迤　靈毓蔚文風　彬彬盛君子　椽筆宛蒼龍
金石篆深意　詩句亦清奇　翰墨融逸致　光霽朗高懷　賢者秉賦異
知子才情美　輔仁聯雅誼　自慚素寒微　秋夜鳴絡緯　獨撫無絃琴
心期邈晉魏

古典詩創刊抒感

——台北古典詩社發行

古詩冠六經　韶武無倫比　釆風里巷歌　雅頌揚朝市　成周禮樂興
楚詞賦蘭芷　聖賢教化功　樹德人崇祀　洛誦悟神理　詞源三峽水

圖書東壁藏　秦火豈容燬　歷劫承餘緒　斯庵詠遙旨　鯤島風氣開
耆英壇坫起　施潭暨香圃　冬郎才競綺　筆捲七星雲　渾成天籟美
古典社創刊　了翁拈髭喜　斲輪孰與京　典則藻鑑衡　屬望綜承乏
指授別杞荊　燦列富篇章　麗澤賞菁英　課詩月旦評　去蕪植存菁
韻事元音留　蓬山凝遠眸　息爭消暴戾　猗歟擊壤謳　雅言崇風教
嘉會獻新猷　望治民心切　淡江集鷺鷗　興詠越清流　騁懷樂與遊

註：明末清初，沈斯庵傳詩入台，至林幼春、許南英、連雅堂等，後繼者有：謝汝銓、趙劍樓、魏清德、施梅樵、譚瑞貞、鄭香圃諸氏，先後以詩弘風教。

新生報四十七週年慶

光復慶珠還　台員騰頌禱　衆望創新生　社論弘中道　倏周四七年
漢文光寶島　建樹譽賢能　輿情恰綜考　允作民喉舌　諍言抒懷抱

兢兢無冕王　圖文臻美好　典型忠義彰　訪隱尋芳草　南枝綻早梅
初日臨水照　詩苑萃耆英　新聲協古調　扢雅振騷風　長歌揚海嶠

註：由曾老文新創立「新生詩苑」故云。

文山茗話（與曾了翁、傅秋鏞、譚劍生、陳恕忠同往）

出郭向郊坰　車迴北宜路　不爲看山行　巒隅迎竹樹　亦非臨水釣
溪流引鷗鷺　五友文山遊　品茗興偏幽　苞種名遐邇　烏龍凍頂儔
雨前凝春露　試瀹香氣浮　座飲沁吾脾　生風更潤喉　拈題饒古趣
耽句憶芳洲　百年遭變亂　感慨溢毫端　海峽濛巨祲　風雲寄羽翰
歷久圖興復　廊廟老衣冠　兩岸衡殊異　鼎定聖心殫　勵節彌貞固
松柏度歲寒　客寄蓬壺隱　竹林阮嵇彈　雅契苔岑韻　相與結清歡

乙亥秋世密宗兄約朝歸龍山

古剎鎮名山　巋然淡靄間　羅公成道處　自昔駕雲還　武夷矚遙睇

迤邐遠塵寰　北嶰澮深潭　崖梯不易攀　啓程雞唱曉　馳向古城道
車繞閩汀灣　煙村蠟口探　轉轂入幽峽　盤紆險象環　長途思六逸
談笑若荆班　仄徑多欹曲　陟步踵後先　登臨蒼翠豁　拂袂谷風旋
佇瞻紺宇靜　松柏欲參天　寶殿拜仙佛　頓將俗慮蠲　吾懷惟淨信
持誠一叩關　三秋氣清穆　偶結香火緣　祥龍旋飛舞　鱗甲動蜿蜒
勝會鐘鳴午　衆祈珠炮聯　映水芙蓉麗　凌霜晚菊妍　嶺表碑林在
跡毀不知年　回顧叢殘際　綠竹影娟娟

註：歸龍山轄長汀境，北近瑞金。屬名勝古蹟，自古香火鼎盛。

壬午上巳感賦廿一韻

——中華詩學研究所雅集

天馬自空來　曆紀壬午歲　海嶠樹含茲　陽明春綺麗　靄靄華岡雲
黌軒挹嵐翠　研所萃耆英　雅詠涵六義　先哲立風標　格調臻高致

感發尚靈奇　旨趣分美刺　駒光去駸駸　節物識榮悴　求友自嚶鳴
酬倖猶氣類　神州號飛船　馳名炎黃裔　地震撼蓬瀛　樓傾厄驚悸
廟堂陷紛爭　問政歧難濟　國策乏善陳　新手遭疑議　百業日蕭條
生民苦含淚　引睇南風琴　解慍登郅治　詩教化淳風　詞采韞深意
大雅軼扶輪　壇坫式芳思　妙供列天廚　景從頻鼓吹　晉賢集蘭亭
觴詠事修禊　遺跡書道傳　翰墨珍遒媚　占韻贊人文　慨慕心遠寄
接席美東南　騁懷期附驥

註：詩研所本次「天廚雅集」陳秘書長冠甫，特選用濆金紅宣紙書寫「中華民族歷代詩人之　神位」安奉於會場敬祀。時並召開成立「中華詩學研究會」選舉理（監）事，以壯陣營。會中並宣稱：維持原有「中華學術院詩學研究所」組織暨：所長、副所長、冊列研究委員。

凱道怒火

台灣慶光復，介壽頌元戎。軍民齊擁戴，群倫仰景從。中樞綱維立，憲政秉持躬。經濟圖發展，東亞稱小龍。耕者有其田，時雍樂歲豐。賢能昌國運，慶典中外崇。薄海起騰歡，歌舞表深衷。回思感今昔，斯文嘆道窮。凱道名非正，草莽逞英雄。扁政操權柄，厄運災禍叢。生民悲陷困，國營型轉空。百業日蕭條，貪腐主患癃。金援維外交，烽火唳哀鴻。公投綁大選，子彈眞相蒙。邱委長揭弊，施君策衆攻。匡時持正義，百萬民心同。怒氣沖霄漢，四維啓蒙童。聆唱紅花雨，抒懷揚谷風。

註：由於台北總統府原係日據時期之總督署（前清撫臺府遺址），而先總統蔣公，乃中國昔年領導全國軍民，堅苦卓絕，長期抗日戰爭之委員長，二次世界大戰，遠東盟軍統帥。而抗戰勝利又對日以德報怨；此乃總統府乂署稱介壽館，以及「介壽路」之由來。谷風乃（詩經）篇名（旨刺幽王）。

寄園詩選卷六　七言古詩

瑞金　楊世輝　奕文

羅漢巖攬勝

陳石巉巖羅勝蹟　瑯嬛應瑞映空碧　雲根凝翠蔚幽奇　龍湫洶湧傾龍池
濺玉廉纖飄細雨　側崖噴灑水如篩　造化天工驚豁目　冷風清籟韻松
竹　百花芬馥雨露滋　探幽忽憶少年時　登臨呼應聲迴盪　玉峽湍激驚
險巇　呰憑絕巇遺鼓灶　將台點兵儗雄姿　伏虎禪師神技融　巖巔點石
化成龍　穹隆石窟廟堂圮　六和精舍水玲瓏　曲徑幽幽苔色青　遊人何
處覓仙蹤　斷崖峽留一線天　將軍持節勒燕然　岫口奇石曾試劍　斫痕
深裂浮雲煙　峭壁懸崖倚回顧　側返緩步循歸路　氣象彌綸儒席宗　莽
蒼煙靄潤心胸　勝景磅礴光邑乘　燭天魁斗望奇峰（名臘蠋峰故云）

註：一、羅漢巖：據傳為伏虎禪師，古時駐錫於此著名。巖景奇勝，石邃隆

偉。

二、燕然句：爲陳霸先任持節信威將軍時，靖侯景亂，親自率兵至瑞金、駐守此巖，屯練逾年，後果克敵制勝云。尚有將台、紮兵寨、試劍石、石鼓、石梯、石灶等遺跡。及陳稱武帝後，順應更名爲陳石山

（梁史）

題孔子周遊列國圖

魯陽嶽降麟吐書　素王應瑞紹唐虞　天將木鐸鳴醒世　心參化育繫稜觚
諸侯易覬凌弱小　周遊列國志匡扶　適周禮問李聃老　神貌猶龍言亦殊
雍容孔子氣琦瑋　聖哲承傳仁道俱　栖栖避亂適齊國　聞韶美善耽笙竽
景公問政崇倫理　當時晏子竟輕儒　鎔鈞六經興禮樂　金聲玉振宏嘉謨
定公感召膺重寄　資兼文武掌中樞　質諸齊樂近夷狄　夾谷登壇威望孚
旋經衛宋鄭陳蔡　顚連困厄非一隅　匡人誤執類陽虎　斯文

未喪見眞吾　彬彬習禮揖相與　桓魋橫行樹何辜　東門候立形似犬置之一笑別賢愚　靈公喜見迎問策　喟其老怠感睽孤　驚聞簡子悖人性辟之郊藪麟鳳徂　臨河興嘆時不濟　返作陬操哀泥塗　丈人沮溺知安隱　楚狂接輿歌窮途　役圍糧絕尚絃誦　道心耿耿忘艱劬　詩云非兕亦非虎　危微率性啓賢徒　千秋史册傳芳躅　丹青妙筆成畫圖

註：此作應香港孔聖堂命題海內外徵詩，獲選優獎。時爲丙寅歲初冬，並刊載「孔道專刊」。

戊辰初冬遊指南宮台北木柵區

陽和乍暖氣清穆　欲探早梅紓款曲　招邀鷺侶暢幽懷　遠望溪山神往復輕車乘興出南郊　坰隩迂迴時轉轂　丹楓野岸掛斜陽　掩映猗猗臨水竹　水流清淺不盈掬　斜徑古名猴嶺麓　造化鍾靈景象殊　桂花晚菊綻芬馥　南枝瘦影已含苞　彷彿足音傳空谷　盤桓覓句衣袂飄　石上小坐

倚喬水　素懷高慕子雲居　逸志參玄藜照讀　學子二三裙屐嬉　手提音
響譃浪遂　上庠巨廈近連雲　樂育英才瞻棫樸　何當正俗化澆漓　雅契
聲詩尚敦睦　窮年拙適且耽吟　相與輔教鳴玉局　嶺路崎嶇容緩登　叢
林簇擁風謖謖　凌宵寶殿矗巍峨　海天遼廓圖一幅

註：漢揚雄字子雲，隱蜀居石室，著太玄經名世。

霜茂樓詩草讀後敬次川陝驛舍瑤韻

——奉寄王教授靜芝先生

畫師胸次蘊丘壑　幾度春暮巖花落　行程計越秦隴險　驛舍孤燈異藜閣
客中風雨總關情　遠岫林巒雲自橫　時艱策馬辭故闕　江山萬里豪氣
生　回首蒼茫望遼北　鄉關灰暗如潑墨　才高挺秀書逸少　詩畫境融幽
徑仄　急促琴聲卻小寒　東來釆筆寫蓬山　藝苑展卷稱三絕　生綃點染
水雲間　海嶠空靈衆爭仰　樓署霜茂光霽朗　上庠敷教瞻雅望　卓著鴻

詞抒懷想　滿園桃李映朝暉　座閱流珍興遄飛　屏書巨幅丹青引　翰墨揮灑益淋漓

註：王公博學才瞻，並雅擅書畫，渡台後曾任輔仁大學中文研究所所長，望重儒林與藝苑。所著「霜茂樓詩（詞）集」，爲手寫成帙景印本俱足範式。

寄懷吳漫沙詩翁

盍簪吟席引興長　雅誼時聯存故常　人生際遇惜緣會　一笑幾曾歷海桑
傾慕少作浮槎客　機靈倜儻狀行藏　率性跌宕情豪邁　行旂拂拂氣昂揚
綺思清才風月主　編刊文粹表周行　持續六年禁令傷　轉任記者無冕王
醒世輿論傳眞象　秉持正義熱衷腸　日據偵巡終遭陷　再度囚禁佯楚狂
志復漢文當喉舌　但持高節竹凌霜　發抒性靈憑恒毅　筆耕藝圃播台陽
令望矚目元不易　珠還合浦德義彰　半紀週旋多逆境　箇中甘苦憶俱嘗
歲月駸駸皤白髮　晚鳴天籟詠宮商　耄耋壽登瞻極斗　輝

聯奎璧曜文光

註：吳老晉江人，早年隻身渡台。昔任風月報主編。處於日據時代，爲保存漢文化承傳，曾作積極持續貢獻。因犯禁令被囚兩次。光復後曾任新生、聯合報記者，並兼事文藝創作，有著作多種，已成台籍作家與詩社成員，老猶不輟，令人敬佩！

芥子樓詩稿刋行喜賦

荆翁曠達異逋仙　瘦峭清奇心志堅　寒窗苦讀探經史　自號稼奴力耕田
豈僅韻府嫺精研　嶙峋風骨氣浩然　弱冠揚名壇坫先　移居彰化正英年
學優兼執詩文編　詞清藻美筆似椽　振興聲教揮吟鞭　論詩闡要六義詮
讀易爻外裁雲箋　一庭花氣吐芳妍　幾度星霜侵鬢顚　乘時北征石牌遷
樓署芥子且參禪　種梅蓺菊樂性天　客至几席張茶筵　賞花占韻珠玉圓
良辰煮酒締鷗緣　巷中體創邁前賢　致力推廣薪火傳　授徒

啓迪理周延　八方士子趨門前　春風入座暖青氈　課題批覽扣絲絃　喜見瓊章燦錦篇　刊之梨棗心血捐　期將載譽教化宣　起衰淑世壽山川　渠洵嘉惠欽陶甄　璀璨文光射斗躔

註：林氏荊南，彰化人，自少好學有恒，負才名。長期兼任詩刊主編。著述及詩作頗豐，成爲詩學家。曾創巷中體詩，蜚聲海內外。兼通易卜，著有存稿。晚近又集註金剛經鈔會印行。

附錄一　詞選

瑞金　楊世輝　奕文

滿庭芳 已未初冬客寓新成

樓宇連雲　嶠峰聳翠　瑞靄輝映衡門　山川毓秀　氣象蔚人文　淡海龍迴魚躍　丹鳳翥　翰采朝暾　承瑞邑關西世澤　穆穆義風存　聿德懷恩　詠梅花獻瑞　露浥清芬　占頌天開泰運　慶長樂　柏酒盈樽　旣歡酌　憑欄覓句　向燈火黃昏

青玉案 甲戌秋還鄉旅次用賀方回韻。

登程恍憶來時路　遠縱目　吟歸去　旅宿梅州雲影度　荻花蕭瑟　撩人秋思　百越重山處　車行輾轉鄉關暮　古塔凌空舊題句　錯落煙村知幾許　昔年情景　早春冰蕊　占斷寒朝雨（古塔：係故邑石水灣隘嶺之塔）

沁園春 丁丑元宵台北燈會

——時主辦單位台北市政府恭請李總統蒞臨會場・按鈕開燈

海國春寒　淡水凝煙　月華湧潮　看都門璀璨　寰區燈火　玲瓏炫耀
典麗難描　巧藝傳神　萬人觀賞　喜見巨牛耕富饒　瞻元首　領群倫歡
慶　召示高標　龍山古寺香飄　更鼓樂喧闐鳴鳳簫　聽悠揚聲調　低
回響往　沉思今昔　幾度良宵　客老蓬瀛　旗亭唱晚　夢繞江南過小橋
風流甚　羨情懷蘊藉　寄詠芳朝

菩薩蠻　憶春訪三峽淨業林

花時紅紫添詩興　叢林梵唄聲清聽　底事動吟懷　祇緣春色佳　靈山
今叩訪　紺宇屏青嶂　曲徑獨徘徊　剎那襟抱開

風入松　丁丑重九詩學研究所雅集抒感

登臨覽勝遠塵氛　步履印苔痕　晚秋草木猶蒼翠　供騷客　倚坐松根
竹籟珠泉澹慮　梅枝玉蕊含芬　重陽話舊酒盈樽　離亂久難論　關山

萬里西風冷　唳鴻雁　極浦遙聞　隱約龍山靄靄　倏然思入停雲

錦堂春 賀大詞宗方教授子丹米壽

耆宿騷壇重望　才名遠播瀛東　賢膺館閣長參贊　雅度竹凌風　簪筆聲華艷羨　覃思著述尤工　欣逢米壽清詞賀　占句碧紗籠

瑞鶴仙 恭祝蔣宋老夫人百歲華誕

海天開壽宇　看雲霞凝釆　春暉和煦　蓬山頌仙姥　値芳辰令旦　光騰瑤圃　昔籌樽俎　力匡扶　才驚華府　歷艱危　閫輔元戎　懿範風儀稱許　爭睹　瓊州人瑞　名耀寰中　藝林翹楚　星輝宿婺　懷慈愛　振旗鼓　感賢能宣導　撫安營建　澤被遺孤眷戶　喜騷壇　慶祝期頤　盈觴共舉（註：夫人籍海南島，古名瓊州。）

滿庭芳 追懷遠祖長世公

閩嶠連雲　龍山挹翠　繞郭綿亘長流　適園池榭　迎送幾春秋　一代宗

師儒雅　文風振　餘韻悠悠　明清際　汀寧黎魏　氣誼屬高儔　優遊
隨杖履　聲華藉甚　鴻印芳洲　乘佳興盤桓　詩酒賡酬　攬勝登臨題
詠　揮妙筆　雅韻清遒　懷賢哲　海天遙望　遷客動鄉愁

註：遠祖長世公，乃一代宗師。昔與長汀黎士宏，寧都三魏友善。

高陽臺 敬題關渡玉皇殿，丙子臘月

——承東邀參與「徵集詩詞聯」暨迎春大會

殿矗靈山　華簷翠蓋　晴軒畫境初開　煥彩凝煙　高儔雅客同來　欣參
盛會迎春節　管樂聲　吹軟香埃　叶宮商　即興成詩　逸響風雷　天
尊坐鎮淡江畔　看獅頭踞守　玉闕崔嵬　澤溥蒼生　感恩人湧潮洄　今
朝騁目遊關渡　獻頌詞　唱和蓬萊　願朝野　共展雄圖　勝覽瑤臺

註：詞宗張以仁教授評：屬詞大雅，氣象萬千，榮獲詞組特優第一名。

附錄二 楹聯

瑞金 楊世輝 奕文

題一覽閣聯 千禧年潮州一覽閣徵選

一揆華夏歷代名家藝品珍藏稱傑構
覽從漢唐群英巨擘風神卓展譽奇才

註：入選評語：氣勢恢宏，雄渾。

題靖安寶峰寺 詩研所龔副所長代啟徵選

寶殿凌霄紺宇青琳揚梵唄
峰巒聳翠蓮池皓月照禪心

擬題西楊氏宗祠（睦堂）聯

睦敦展望筆架凌霄世代人文蔚起維彰祖德
堂構宏開雲龍象鎮春秋禮樂雍容祀頌宗功

題瑞金清溪鍾氏崇孝堂

崇樓吉卜德紹清溪宗支衍慶承先祖
孝悌雍容堂迎瑞靄世代明倫啓後賢

題瑞邑綿江亭

綿胤龍珠光古蹟
江涵貢水映新亭

題贈四位同邑碩彥：

楊吉人先生著「風雲餘波」

吉卜貞元君子德
人文茂樸漢宗風

劉志儼先生著「幸福人生」

志抱清高成德業

儼然勝覽著文章

朱澄軒先生著「征塵瑣記」

澄思報國千秋志
軒照希賢一片心

楊衍伸先生著「剪影精集」

衍慶宗門崇孝友
伸傳祖緒啓賢良

題贈鄉親劉君惟銘

惟憑信譽鴻圖展
銘契機緣駿業興

贈胡傳安鄉賢

傳道儒林承聖哲

安壇藝苑創詩詞

贈名家蔡鼎新先生

鼎力椽書融魏晉
新篇雅韻播台閩

贈陳冠甫教授

冠冕文章稱盛世
甫田風雅詠高樓

贈夏國賢教授

國學兼工詩境畫
賢能並濟道心傳

△贈中華當代文學學會理事長李劍鋒先生北京

劍氣凌霄歌白雪
鋒芒射斗詠青蓮

△贈文史哲出版社主持人彭正雄先生

正義匡時文史著
雄才創業哲人崇

△贈中華詩學研究會總務長黃玉玲女史

玉手巧能調鼎鼐
玲聲清越誦瓊章

己丑運兆

贈宗長秀峰詩翁

秀毓鍾山尊碩德　峰迴洛水溯弘農
己憶從戎周甲子　丑占吉兆會辰申

附錄三　歷年應徵（參賽）入選作品彙存專輯

△香港「孔聖堂」徵詩入選詩作

題孔子周遊列國圖 丙寅秋

魯陽嶽降麟吐書　素王應瑞紹唐虞　天將木鐸鳴醒世　心參化育繫稜觚
諸侯易覯凌弱小　周遊列國志匡扶　適周禮問李聃老　神貌猶龍言亦
殊　雍容孔子氣琦瑋　聖哲承傳仁道俱　棲棲避亂適齊國　聞韶美善耽
笙竽　景公問政崇倫理　當時晏子竟輕儒　鎔鈞六經興禮樂　金聲玉振
宏嘉謨　定公感召膺重寄　資兼文武掌中樞　質諸齊樂近夷狄　夾谷登
壇威望孚　旋經衛宋鄭陳蔡　顛連困厄非一隅　匡人誤執類陽虎　斯文
未喪見眞吾　彬彬習禮揖相與　桓魋橫行樹何辜　東門候立形似犬　置
之一笑別賢愚　靈公喜見迎問策　喟其老怠感睽孤　驚聞簡子悖人性

辟之郊野麟鳳徂　臨河興嘆時不濟　返作陬操哀泥塗　丈人沮溺知安隱
楚狂接輿歌窮途　役圍糧絕尚絃誦　道心耿耿忘艱劬　詩云匪兕亦非
虎　危微率性啓賢徒　千秋史册傳芳躅　丹青妙筆成畫圖。

註：香港「孔聖堂」命題，於民國七十五（一九八六）年徵詩，獲優異獎。

△參與「李杜杯」詩詞大賞入選詩作

白露念神州

秋風蕭瑟怨聲嗟　露冷中宵北斗斜　去國庾郎思故闕　傷時杜老望京華
何堪水潦田廬蕩　豈獨年荒歲月賒　莽莽神州陵谷變　清江一曲詠蒹葭

註：由於民國八十三（一九九四）年間，係由廣東「中華詩詞學會」等單位主
辦，評審獲「佳作獎」。

△應徵：中國當代詩賦入選《中華吟藪》詩作

庾嶺探梅

驛路盤登探早梅　嶺南枝上報春回　曲江遺澤清芬永　疑似詩心映雪開

人日

每值靈辰繫我思　冬青樹挺歲寒姿　故園風物羹湯美　品味沉吟鬢已絲

春耕吟

春田布穀鳥催耕　隴畝時聞叱犢聲　往復扶犁蓑笠手　寒風細雨任縱橫

蒲劍

年年午日懸蒲劍　欲靖妖氛戾氣收　屈子沉淵漁父死　尚餘騷雅越清謳

春霽

陌上春風早　雲天霽色開　綠舒溪畔柳　雪盡隴頭梅

物象占新運　山川毓俊才　清流聲遠引　駘蕩氣紆回

歸燕

客意憐玄鳥　南飛入夢頻　烏衣門巷冷　節候景光新

雨剪垂堤柳　風裁故國春　芹泥香滿嘴　寄語未歸人

重陽感賦示諸吟友

幾度重陽節　黃花發古香　驅車沿仰德　縮地慕長房

海上秋風冷　山中草木蒼　二三知友聚　作健且揮觴

母親節感懷

揭來回首盡戍塵　一片童心感至眞　萱草通靈懷懿德　蓼莪含淚念慈親

音容宛在庭闈冷　夢影依稀歲序新　令節追思時悵惘　不堪花照北堂春

讀「離騷」

騷經粲耀足彌綸　厥旨精微表藎臣　楚望山川悲逐客　襟懷蕙芷託吟身

宗邦繫念千年痛　氣節維持一片眞　鬱起奇文情跌宕　行吟澤畔獨傷神

登長沙天心閣

名區攬勝入幽林　畫閣凌虛暢遠襟　石刻諸賢同景仰　風迎過客共登臨

江流郭外沙洲淺　地控湘中楚澤深　閱歷滄桑增感慨　三台氣象引豪吟

註：上列詩作十首，於一九九八年，入選於海洲等主編之「中華吟藪」北京巨著。

△應徵「當代千家詩詞叢書」《酬贈別裁》入選詩作

寄贈廣州詩社次韻

客老霜華兩鬢侵　長懷故國白雲深　海珠群彥情豪邁　百粵昌詩壯雅音

寄懷張其彬詞長江陵

苔岑雅契表欽遲　郢客高才出句奇　卓越編刊名四海　江陵柳渡繁歸思

贈何南史博士

——時任詩經學會理事長

水部紹尊先　柏臺持節堅　風鈔資密勿　雪案寫琼篇

博士才名顯　高軒翰墨聯　騷壇揚正義　健筆得眞詮

板橋梅龍館餞別詩友訪大陸

詩翁將暫別　祖餞動微吟　館外旌飄逸　杯中酒滿斟
朋簪遊故國　杖履訪高岑　勝景題佳句　歸來譜素琴

詩畫名家陳荊園贈墨梅賦謝

久慕詩翁擅寫梅　小陽春寄一枝來　綺窗疏影玲瓏透　玉蕊瓊姿淡雅裁
藝苑揚名成獨步　騷壇著譽仰奇才　龍溪采筆傳神韻　錦注揮毫斗柄回

辛未秋日訪林荊南詩翁

海國秋來感念深　扶笻結伴訪知音　人情向菊耽佳句　風意催蘭愜素心
几上無塵茶品味　花間有韻酒題襟　芥樓賢主名天下　仰挹芝眉話古今

註：上列絕律詩作計六首，於民國八十七（一九九八）年，入選當代千家詩詞叢書《酬贈別裁》。

△應徵「歷代五絕、七絕、律詩精華」

選集先後入選詩作（緣由杭州毛谷風教授，函寄詩社徵詩時即將拙著「寄園詩草」先寄呈，蒙惠佳評）

登贛江八境臺作於一九四六年初夏

斗閣凌江漢　風光八面來　山川襟度闊　日月照靈臺

旅　泊作於一九四九年秋

旅泊聞孤雁　征人遠憶家　秋深霜鬢白　老父望天涯

甲午思往跡作於一九五四（甲午歲）

甲午臺員棄　遺民血淚新　百年思往跡　忍見海揚塵

泰　岱

泰岱鍾靈矗海東　聖人嶽降啓鴻蒙　天回日月盤胸際　仰望巍巍氣象雄

衡山南天門

石徑欹斜識舊蹤　步登千仞未扶筇　南天門外風呼嘯　四顧雲連二七峰

編者註㈠：七二峰：衡山有七十二峰，以祝融（一二九〇米）、天柱、芙蓉、紫蓋、石廩五峰爲著。

祝融峰登眺

天南一柱鎭衡湘　絕頂凌空挹斗光　勝日登臨秋氣爽　雪峰雲樹望蒼茫

註：雪峰：指新化、邵陽邊境之雪峰山。

暮春懷歸

晚晴風起楝花飛　忽憶江南客未歸　日暮鵑聲啼不住　故園西望立斜暉

春霽

陌上春風早　雲天霽色開　綠舒溪畔柳　雪盡隴頭梅
物象占新運　山川毓俊才　清流聲遠引　駘蕩氣紆回

歲暮書懷

遠懷鄉國又殘冬　暮靄朝雲幾杵鐘　塞北榆林聞笛怨　江南梅蕊孕春容

風鳴律轉詩潮湧　臘報花開野徑逢　景象昭融傳逸句　乾坤一氣豁心胸

南嶽晴雪

遠空凝望曙曦微　霽色寒光映客衣　衆壑群峰雲靄靄　叢林古寺雪霏霏
臘殘梅綻仙蹤杳　朔吹音疏雁影稀　嶽峙南天涵楚澤　春回極浦占花歸

註：上列絕律詩計十首，於民國八十（二〇〇〇）年起，先後入選由毛谷風教授選編之：「歷代七絕精華」、「歷代五絕精華」暨《歷代律詩精華》等精選專案。分于香港、北京出版）

△入選《當代百家詩詞鈔》專集詩作

讀〈秋聲賦〉二首

廬陵憫物情　惻惻賦秋聲　妙筆傳清韻　空靈萬籟鳴
四野秋蕭瑟　清宵露氣侵　寒蛩聲唧唧　掩卷感難禁

過峽山

峽口贛江頭　山峰迓客舟　片帆風滿載　放棹向虔州

編者：虔州，隋開皇九年（五八九）置，南宋紹興廿二年（一一五二）改名贛州。

江鄉

海天迢遞倚岑樓　四月江鄉憶舊遊　貢水雩山青入畫　灘聲送客下輕舟

夷陵峽

峽流湍激看飛艭　峭壁蒼崖湧激瀧　險要夷陵驚鎖鑰　古今爭戰控長江

編者評：氣勢澎湃如峽流奔湧，先聲奪人，扼長江咽喉，古來爲兵家必爭之地。

衡嶽秋暝

古寺楓林葉落階　泉聲磬韻動吟懷　秋來不盡登臨意，暮踏疏鐘渡水涯

洞庭湖泛舟

放棹隨波過洞庭　問君何處弔湘靈　嶽雲攜雨鮫綃透　掩映湖山一點青

秋夜書懷

井梧疏影月初斜　夜聽寒蛩憶故家　動我吟懷秋瑟瑟　夢迴三徑客天涯

編者評：梧影蛩聲，吟懷離緒，秋夜夢迴，情何以堪！此加一倍寫法也。

詠雲

夢縈親舍總依依　一片朦朧掩翠微　不盡天涯遊子意　乘風欲向故山飛

丙子宜春客次一九九六年

遠駕袁州道　峰巒畫境開　名園花競艷　玉帶水瀠洄
秀毓風騷主　奇稱鄭谷才　鷓鴣聲譽召　客賦望春臺

編者註：鄭谷（八四二——八九六？）字守愚，袁州宜春（今屬江西人）。光啓三年（八八七）進士。曾任右拾遺，都官郎中，人稱鄭都官，又因《鷓鴣》詩得名，時號「鄭鷓鴣」。

過賈太傅祠㈠ 一九九九年

貶謫長沙傅　高才矚目驚　匡時傳策論　弔屈自傷情
古蹟標風範　崇祠座太平　湘江秋雨冷　此過客心傾

編者註：㈠賈誼（公元前二〇〇——前一六八）西漢洛陽人，政論家、辭賦家、漢文帝時薦爲博士，遷太中大夫，因受朝中元老排擠，貶長沙太傅，轉梁懷王太傅。㈡原註：太傅祠位於長沙市西太平街、其故居復建，祠宇堂皇　爲湖南省省級文物保護單位。

丘倉海詩讀後

志懷吟詠倚樓東　痛失珠崖吐隱衷　酒後揮毫餘劍氣　花前灑淚悵秋風
嶺雲舒捲思無盡　海日昇騰興不窮　國士深沉多感慨　句中遒勁見豪雄

遊摩耶精舍次貴尊詞丈韻㈠

一代奇才仰大千　峨山毓秀藝精研　高超意境追摩詰　卓絕聲華媲鄭虔

臘像傳神猶宛現　風儀奕釆尙相延　庭園結構饒幽趣　灑筆縱橫匯百川

編者註㈠：摩耶精舍爲張大千（一八九九——一九八三）晚年卜居台北士林之寓所。

登長沙天心閣

名區攬勝入幽林　畫閣陵虛暢遠襟　石刻諸賢同景仰　風迎過客自登臨
江流郭外沙洲淺　地控湘中楚澤深　閱歷滄桑增感慨　三臺氣象引豪吟

註：此詩於前列《中華吟藪》應徵稿已自選列入。

青玉案　甲戌還鄉旅次用宋詞家賀方回韻（一九九四）年

登程恍憶來時路　遠縱目　吟歸去　旅宿梅州雲影度　荻花蕭瑟　撩人愁思　百越重山處　車行輾轉鄉關暮　古塔淩空舊題句㈠錯落煙村知幾許　昔年情景　早春冰蕊　占斷寒潮雨

㈠原註：古塔，係故邑石水灣隘嶺之塔

附記：上列詩十四首詞一首，渥承北京詩學家名教授毛谷風先生青睞鑑賞，多由拙集「寄園詩草」中選列：「當代百家詩詞鈔」並擇予評註，謹志銘感！

△應徵《近百年七絕精華錄》詩作

秋日登廬山

匡廬疊翠瀑爭流　五老凌蒼浩蕩秋　欲叩禪扉攜謝屐　迴崖沓嶂白雲浮

洞庭湖泛舟

放棹隨波過洞庭　問君何處弔湘靈　嶽雲攜雨鮫綃透　掩映湖山一點青

編者評：寫眼前湖光山色，發思古之幽情，與李白、賈至泛舟洞庭之千古名篇應和，時空交織，寄慨遙深。

附錄——詩作印證品評——

陪族叔刑部侍郎曄及中書賈舍人至遊洞庭

李白

洞庭西望楚江分　水盡南天不見雲　落日長沙秋色遠　不知何處吊湘君

初至巴陵與李十二白裴九同泛洞庭湖　賈至

楓岸紛紛落葉多　洞庭秋水晚來波　乘興輕舟無遠近　白雲明月吊湘娥

（錄自：「歷代七絕精華」選集）

南嶽祝融峰登眺

天南一柱鎮衡湘　絕頂凌空挹斗光　勝日登臨秋氣爽　雪峰雲樹望蒼茫㈠

㈠原註：雪峰，指湖南新化，邵陽邊境之雪峰山。

題故宮藏畫明周文靖《雪夜訪戴圖》

寒夜行舟雪映空　篷窗靜透一燈紅　子猷訪戴乘佳興　歷覽溪山畫境中

江亭晚興

獨坐江亭倚晚晴　斜陽一抹柳風輕　圓山秀出塵囂外　古寺疏鐘隔水鳴

高越天評：楊君富才情，詩格高雅清超，似頗具唐人風韻。自然高妙之作，近似王、孟諸賢。

△應徵：北京中華當代文學學會詩詞研究舉辦「第五屆天籟杯中華詩詞大賽」入選（榮獲一等獎）

懷鄉吟

昔登城闕攬芳洲　綿亙雙江繞郭流　學苑崇祠增氣象　蕭蕭楊柳引清謳

暮春懷歸

晚晴風起楝花飛　忽憶江南客未歸　日暮鵑聲啼不住　故園西望立斜暉

臘夜懷鄉

客家淳樸古風傳　歲暮猶聞臘鼓填　憶昔懷鄉溫舊夢　親情似月缺還圓

詠雲

夢縈親舍總依依　一片濛籠掩翠微　不盡天涯遊子意　乘風欲向故山飛

紀遊漓江遇雨

峰巒倒映碧江潯　驟雨飄瀟若鼓琴　盪漾輕舟行畫境　醉翁乘興扣舷吟

羅浮梅訊

羅浮入夢現瑤臺　月照梅林臘蕊開　一曲琴聲風遠引　老翁扶醉賞花來

蘇花道上

見說蘇花道　依山傍海灣　紆途生險象　轉瞬墜煙鬟
耳際潮聲湧　車穿隧道間　斷崖驚陡峭　畫境出荊關

註：斷崖，名「清水斷崖」台灣古八景之一。

歸燕

客意憐玄鳥　南飛入夢頻　烏衣門巷冷　節候景光新
雨剪垂堤柳　風裁故國春　芹泥香滿嘴　寄語未歸人

展望新世紀二〇〇三年初冬作

——中華詩學研究所，馬副所長駡翎老宏論：「廿一世紀，

中華民族的使命」讀後，感賦一律

兩岸淵源遠　臺員禹貢隅　朱明封郡邑　閩粵拓蓬壺
版籍連江漢　人文著典謨　中華新世紀　統一展雄圖

達觀（拉拉）山神木林登覽

新秋乘興作登臨　命駕巴陵勝跡尋　險道盤空經遠岫　輕車轉轂陟高岑
仰瞻神木雲煙歛　俯掬清泉翠黛深　曠古森林今讚賞　海天風月夜長吟

註：達觀（拉拉）山，係紅檜神木林，海拔爲一六五〇公尺。屬巴陵群峰復嶺隩區。時與同行師友，夜宿山莊。

軼聞

軼聞鑾觸陷紛爭　海水瀾翻抑不平　玉宇沖寒探月窟　金甌待補望神京
蓬壺禹貢輿圖著　赤崁旌揚漢臘明　紀變斯文傷國本　漫天風雨亂琴聲

中國火箭（太空梭）發射成功喜賦

西昌報道引長風　火箭穿雲入太空　科技精研驚國際　人文傑構著神功
天山雪映千年白　禹甸花開四季紅　薊北旌揚龍起舞　盛傳華夏世稱雄

△國際中華詩詞總會詩詞中國：提名評選

——榮獲「中華詩詞復興獎金獎」作品，並授予「中華詩詞復興杰出藝術家」榮譽稱號

暮春懷歸

晚晴風起楝花飛　忽憶江南客未歸　日暮鵑聲啼不住　故園西望立斜暉

註：此詩曾入選歷代七絕精華。

霽望

聖哲人豪應運生　匡時濟世展恢宏　九州春色開新霽　一樹梅花證舊盟
麗澤朝暉歌楫渡　叢林夕照鳥和鳴　詩崇雅正揚風教　待賦平章海宇清

青玉案（甲戌秋還鄉旅次，用賀方回韻）

登程恍憶來時路　遠縱目　吟歸去　旅宿梅州雲影度　荻花蕭瑟　撩人秋思　百越重山處　車行輾轉鄉關暮　古塔凌空舊題句　錯落煙村知幾許　昔年情景　早春冰蕊　占斷寒朝雨（此詞曾入選當代百家詩詞鈔）

註：古塔：係故邑石水灣隘嶺之塔。

△參與北京「國魂杯」世界華人詩詞藝術大賽入選作品

——紀念中華人民共和國成立六十周年（榮獲一等獎）

七言絕句

中華建國熄烽煙　繼展雄圖景萬千　四海歸心周甲慶　詩盟合頌著新篇

其二

詩盟合頌著新篇　六十星霜勁節堅　藻繪江山揮采筆　功崇偉烈勒燕然

其三

燕居葉帥察機先　令掃妖氛秉節宣　主導宏謨行改革　萬民稱頌小平賢

七言律詩

卿雲糾縵舞祥龍　赤幟黃圖景氣融　香港北迴京九暢　天津西指藏康通
精工水壩形宏偉　載譽神舟步太空　傑出人文開國運　而今屹立世稱雄

其　二

燕京釆奐幟飛揚　萬國衣冠萃一堂　鼓樂奏鳴聲勢壯　軍民仰望氣軒昂
歐盟倚重融資鉅　亞太盱衡拱富強　奕代英賢尊領導　德孚華裔頌平章

△陳教授冠甫《祭天祈福歌》讀後

楊世輝

時值鳳凰颱風來襲之前夕，亦予十年難得感冒之時，含淚掩涕，拜覽陳教授冠甫寄示佳什〈無妄詩〉等多篇，余素賞其詩才、詩學、及詩品。茲謹錄——

〈無妄詩〉首章：

夢入紫宸相敘歡　肉腸啖我不知攔　告辭歸去車遭竊　夜路茫茫跋涉難

讀後掩卷，令人感同身受，情何以堪！再溯敘言以證曰：「有緣騁思，夢食生香之饌，無福消受，醒攖無妄之災！」並註記：「某日凌晨，夢與元首歡敘，彼捧一白磁小碗，擠坐左側，筷挾肉腸款我……」等字紀實。且自感腹痛，呻吟數日，輾轉投醫，終於驗明係患闌尾炎，幸遇良醫予以切除，著手回春作結。首先令人感佩者，病中不廢吟詠耳！其次詩家冠甫教授，不僅滿腹經綸，而且滿懷忠愛；由於今之元首馬總統，其先父翯翎老，係忠黨愛國之導師，且係中華詩學研究所副所長；與陳教授間，誼屬世交；因而對馬總統之期望，益見殷切，常言曰：「日有所思，夜有所夢。」因而自然構成「中興」夢兆。

次日清晨，欣聞冠甫詩家，心神清爽，忽然憶及今春，參與太極門祭天祈福大典盛況，而使醞釀已久之詩思，噴薄而出，爰筆成詠：詩云：「感天動地雷鼓鳴，寃屈昭雪泣鬼神。正義遲來百姓苦，惡法惡吏殘至親……制度已死孰可奈？虔祈多福迎天君。刀劍棍扇盾入列，文開武道陣仗呈。六千子弟道場護，太極墊上丹田生。亙古難逢此盛典，祭壇前圍萬嘉賓。五行令旗氣機轉，風雷鼓動開天閽。丹忱一片血指印，疏文上稟希天聽。化火隨風飛上天，天人交感存此眞。陰陽和合心氣一，萬緣匯聚千祥臻。神龍威鳳出行陣，仙樂飄揚群仙臨。同發善念一分鐘，愛護地球齊靜心。廿四時區頃刻接，一人瞬連千萬人。刹那響應百餘國，無私無我天地親。青山常在綠水繞，鳶飛魚樂花清芬。戰爭恐懼盡根絕，祭天祈福歌舞新。雀屏全開獻吉瑞，送神曲奏儀典成。肅穆莊嚴禮數備，敬天法祖蒙天恩……。」謹節錄上列題爲《祭天祈福歌》長篇，竟自一氣流轉而成，綜觀詩之體裁結構本嚴謹而自然，而且摛詞雅健，韻調鏗鏘，氣勢雄渾，足證其鎔裁冶鍊工夫，似已直摩韓、杜之壘。尤足稱者，此一傑構，善用道教場景，並能借助其儀規與服飾，及陣仗鼓樂效果，結合時空呈現，以增詩之聲采氣勢。益能彰顯：「正得失、動天地、感鬼神」之詩旨，及淨化人心，弘揚風教之功能。

他如：陳教授於病中念及北堂，成詩二首，孝思可感；另作〈堂上秀連枝〉古風之敦睦親誼，〈代刀吟〉之忠愛赤忱，及〈悲憫歌〉之宏偉襟期（抱）益可謂適變古今，包舉天地，似堪與老杜異曲同工，允宜自開宗派也。

緣由陳教授病中寄示系列佳什，略陳淺見及至深感受之際；有緣拜覽鄉賢——前東吳大學中文研究所所長歐陽文如博士，所作《無妄詩紀》讀後，爲文讚美冠甫教授，至爲允當，顯見詩文造詣，古今自有定評，（敬識歐陽公文，言簡意賅，令人感激！果蒙冠甫教授卓見，及時提示，故特予引介）茲謹引錄其原文作殿，以證吾言之不虛也。

〈无妄詩紀〉讀後

夢有可解者，有不可解者。冠甫兄夢與今總統馬公餐敘，承款以肉腸，翌日竟罹盲腸炎，就醫割治。此事巧合乎？抑原於馬公攖疾，而冠甫兄爲之「代刀」；則冠甫兄乃損己以利人，且以利天下也，不亦偉哉！冠甫兄素以文章名，出院後即撰〈无妄詩〉，詳記始末；其事至奇，其文可傳。太白有〈夢遊天姥〉之章，少陵有〈夢李白〉、〈歸夢〉、〈晝夢〉諸篇；蓋詩人多夢，自古而然。〈无妄詩〉將與李、杜輝映，永垂於世矣。忝屬交末，與有榮焉。

歐陽炯　九十七年七月

寄園詩選書後

馬芳耀

奕文前輩工詩，筆花粲飛，神鋒特雋。頃選其五七言絕律，付之剞劂，顏曰：「寄園詩選」。非唯體備思精，實亦珠藏玉蘊。區區覽而書其善曰：遠承西江之脈，不廢盛唐之風，心儒道而並尊，情古今而兼蓄，故能堂廡拓魁閎之際，門戶泯方寸之間，善者一。

格堅蒼而高古，勢突兀而峭拔：如松謖謖生崖，如柏蒼蒼峙嶺。觀金門諸作，挾豐城之劍氣，寫浯海之腥風，王師暗渡之情，烽火迷茫之況，筆筆烈燄高騰，句句洪濤壯闊。鯨浪千尺喻其勢，驥足萬里壯其格，善者二。

洄瀾寄隱，塵累漸空，閒觀貝葉之經，百卷神會：遙想慧能之偈，千載神通：奉佛國如至尊，視山門為獨秀，妙得禪悅，不昧菩提，善者三。

海涵地負，境浩浩而無涯；神遠氣清，韻悠悠而有致。寫景則蔽雲杉檜，漫漫靡窮；迷徑煙蘿，邈邈無際。寫心則歲暮紛紛之雪，氣蘊箋中；江干獵獵之風，神傳筆底。詩境海闊，詩韻波流。善者四。

偶寄幽渺之思，不乏陰柔之作。寒梅春綻，君赴庾嶺而探看；清露秋生，君對神州而遙憶；松泉韻逸，溪壑風清；惜三春於渡頭，遊九夏之蝶谷；寄畫裡之佳興，添物外之吟情；旁及秋聲動懷，芥樓記趣，靡不因時載筆，遠剛近柔！善者五。

壯哉奕老，筆耕凡六五載，詩選近七百篇。衆體胥工，諸善薈萃。霜橋月店，涉千里之梯航；禹甸鯤溟，收萬象於楮墨。清淺蓬萊之水，問君幾閱海桑？唱酬湖海之篇，問君幾添哀樂？不佞聊佈心曲，頌美篇章。且恭撰一絕以贈曰：

洄瀾影寄話滄桑　詩墨淋漓筆健揚
心恥爭攀王謝户　雞鳴東海傲風霜

馬教授芳耀寄頒儷文傑構獎飾

拙著「寄園詩選」奉酬　楊世輝

客寄蓬瀛歷海桑　長懷故國漢聲揚
儷詞稱美涵神韻　楚望春陽映雪霜

其　二

楚望春陽映雪霜　師門伯仲姓聯芳
憶瞻心月崇儒雅　誼契桃園氣宇揚

註：敬識浙江籍文學博士馬芳耀先生，專擅駢儷文，其造詣已臻大家風範，深得宗師楚望樓主成惕公心法，洵爲一代傳人。

心月—係「心月樓主」陳博士冠甫教授。

△渥蒙騷壇諸長老遙寄琼章奬飾

—謹謝依序錄存—

謝楊世輝兄贈寄園詩選　　　　鄧璧

一卷郵來慰所思　早年便愛寄園詩
才曾折桂名隨顯　筆自生花句益奇
憫世情懷儒更釋　感人風義友兼師
春松居挹泂瀾秀　山水都成絕妙辭

註：曾與楊兄同爲「風義師友會」成員，春松居爲其住處（位於壽豐鄉）

謝贈寄園詩選　　　　江沛

江西詩脈繼涪翁　大筆淋漓一代雄

名已無心園可寄　境堪忘我佛能通
投簪曾共揚風雅　振槁相期發聵聾
回首春人溫社史　至今猶念剪裁功

惠貽寄園詩選賦謝

甯佑民

寄園吟集寓唐風　格調清新體制同
寫景寫情神入筆　詠人詠物氣如虹
弘揚古道三臺盛　丕振元音六義通
身在奇萊山下住　優遊天地一詩翁

世輝宗長寄園詩選讀後

楊君潛

詩詞各體盡精研　戛玉敲金百世傳
清白家風承伯起　淵渟學問紹盈川
才華信美驚今哲　句法雄奇過昔賢

逾健吟躬天有意　要將大雅扢花蓮

註：東漢關西孔子楊震，字伯起，又初唐四傑之一楊炯，曾任盈川令，並著「盈川集」傳世。

拜讀世輝道長寄園詩選

劉鎮江

識荊將近卅春秋　詩苑神交樂唱酬
笑我蕪詞慚鷺友　羡公珠玉範鷗儔
今觀一卷俱鴻藻　頓使群賢仰大猷
騷學弘揚欽毅力　文星耀采燦夷洲

註：次句指台北昔年「新生詩苑」。

賦謝：寄呈古典詩社—— 楊世輝

社長宗君潛道兄並謹向

鄧、江、甯、劉諸公致意——

高才卓領眾稱賢　譽滿三台著錦篇

振藻天南聯雅誼　詩蒙獎飾德音傳

註：振藻—魏．曹植《與楊德祖書》曰：「公幹振藻於海隅」。

八聲甘州（詞選）　東湖賞梅—懷古　楊世輝

望漢中山野白茫茫　凜洌北風寒　繞東湖千頃　梅林月冷　淡煙瀰漫

羨賞玉龍噴雪　遠勝六朝觀　浩蕩江天曉　勒馬安瀾　鄧尉孤山

幽寂　賸古人畫境　夢斷更殘　擁群姝環珮　歌殿日流丹　叩雲夢

秦皇漢武　論英雄　文采遜毛韓　揆襟度　沁園詞調　譽播騷壇

跋

衡諸選編分卷、溯自少年詩作、而至壯歲從戎、征戍、懷鄉思親、感時寄慨、遣興抒懷、紀遊覽勝、騷壇盛會、雅集詩題、詩盟酬唱、人物典範、懷古詠史題畫等篇什；允屬「敝帚自珍」約計古近體詩六百九十五首，其中太半篇章、則選自十年前原著「寄園詩草」。另附載詞選、楹聯，及「應徵參賽」入（優）選作品專輯、詩話一篇，以資參證存念耳。

回顧退役後，自一九八〇年（庚申秋）起，先後參加網溪、春人、古典詩社、（晚近承邀亦參與洄瀾詩社）、春秋雅集，廣結翰墨因緣，尤以原著題詞。品評書函，吉光片羽，彌足珍貴，特予選載。迨至一九九七（丁丑）春，渥蒙中華學術院詩學研究所張定公所長之聘，忝列研究委員，惟晚境受困，遂於壬午年間，僻居山野。

又近月蒙北京：國際中華詩詞總會函聘爲「增補副會長」，另：文碩圖書編著中心，亦函聘爲「顧問」，特此誌感！惟自老拙歸隱，力不從心，有負寄望爲憾！

茲編詩選，冀爲日漸式微之古典詩承傳，略表一己之襟抱與志趣。惟得以如願付梓，首蒙鄉賢——東吳大學中文研究所前所長歐陽炯博士教授，惠予指導鼎助。並蒙鄉賢——中華詩學研究會理事長胡教授傳安、與陳博士冠甫教授悉心審正，先後賜予，益增榮幸與感激！且咸具博雅卓見，足稱典範。復喜獲名家蔡鼎老，賜頒序贊與賀詩；夏教授國賢與秀峰宗長，三老恂詩壇耆宿，爲讀陳序而賦詩抒感，可謂翰墨因緣殊勝：另昔契機緣，幸獲陳氏書法老師題署，詩畫名家陳老荆園昔贈墨梅，並寄贈近代名家書畫扇面，選得鄉賢彭公墨菊圖，同光篇幅，不勝感荷！惟拙著詩選於今歲出版後，又渥蒙駢儷文大師馬教授，暨騷壇鄧、江、甯等諸長老，次第分賜瑤章與鴻文，雅詮高詠，鑑衡超卓，惠予獎飾，以垂雅範！是以特予函請：「文史哲出版社」彭主持人，惠予增印（平裝）若干本，以誌感念！尚祈鴻儒大雅，君子不吝指正！

民國九十九年歲次庚寅夏月　　楊世輝謹識

彭醇士字素翁江西人

有詩書畫三絕之譽

奕文詞兄雅屬

奕業清官留美譽

詩傳

清德

文壇雅士振元音

戊辰臘八桐城白俐張龍

朱位本學長惠書墨寶

著者七秩留影

著者昔年留影

附註：奉頒金箔獎章縮影（正反面），原件直徑六公分。

鴻詞占魁

楊世輝題渡玉皇殿詞

調寄高陽臺

詞宗張以仁先生評

屬詞大雅氣象萬千

方子丹題額

荣誉证书
授予:
杨世辉同志
中华诗词复兴杰出艺术家荣誉称号
国际中华诗词总会
中华诗词复兴奖评委会
诗词中国编辑委员会
2008.12.12

荣誉证书
杨世辉同志:
您在中华当代文学学会诗词研究会、诗词世界杂志社举办的天籁杯第五届中华诗词大赛中成绩显著，评为中华诗词精英奖，授予中华吟坛卓越诗词艺术家荣誉称号
北京

诗词中国中华诗词复兴奖
金奖
国际中华诗词总会
中华诗词复兴奖评委会
诗词中国编辑委员会
2008.12·北京
获奖证书
杨世辉同志:
您的作品在诗词中国·中华诗词复兴奖评审中成绩显著，被评为中华诗词复兴奖金奖。
特颁此证，以资纪念
国际中华诗词总会
中华诗词复兴奖评委会
诗词中国编辑委员会
2008.12.12
第五届
天籁杯中华诗词精英奖
一等奖
中华当代文学学会
诗词世界杂志社
北京驰讯文化传媒
天籁杯中华诗词大赛组委会
2008·北京

中国 · 北京 2009.11

奖　状

杨世辉先生：

　　您的诗词作品在《中国诗人》（第一卷）征文活动中，经过严格

评选、审核，被评为甲级作品，同时授予您"德艺双馨诗人"荣誉称

号，特颁此奖，以资鼓励。

北京文硯图书编著中心
2009年11月20日

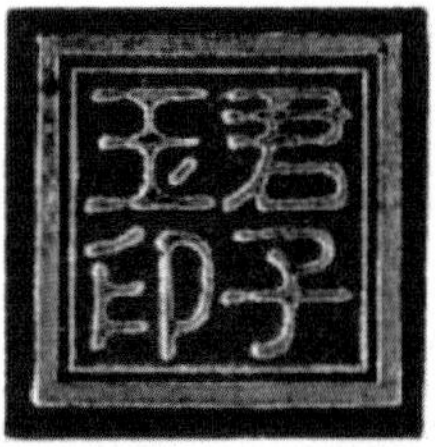

奉題寄園詩草

寶蓋山前草架崖山明
水秀石玲瓏詩人少小
從戎去寄迹蓬瀛秀
所鍾

姚江陳瀞山

（原著題詞選載）

先生文采出清新逸韻高
懷筆有神思獨協明術學
派如今風雅也傳人　丙子夏七月
齊國詩筆拜政　鄭雲琪

（原著題詞選載）

寄園詩集刊行誌慶

書香奕世爍輝光
韞玉懷珠山水長
雅韻欲流驚四座
西江一派豈尋常

龔嘉英敬題
丙子春日

（原著題詞選載）

鄉賢遺墨手澤

渥蒙
周慶公惠贈推介，品評指導，金玉良言，寄望殷切。

後學楊世輝敬識

讀 大作吐屬清雅對仗
工穩至佩
銘謙爲先生籍湖北
中興大學教授
寧都文風之盛人物之多
爲贛南翹楚
請細覽各篇特別是縣志
多名人手筆
此後文學境界必自上層
樓矣
奐文先生惠存
周邦道敬贈
民國七十二年三月廿一日

廬陵詩文稿成，懸之壁間，
再讀再改，久將發表。
隨園謂：詩經屢改始心安
甚願今後從容、鎮定，多
事推敲工夫。
足下詩文，筆調清超，
辭句典雅，來東造詣，
何可限量。學後，即頌
吟祉。
弟 周邦道 啟
七十二年三月廿九日午

江西省瑞金市立圖書館

周館長紅斌先生品評（節錄）——

館長周紅斌敬草

承義贈《歷代五絕精華》拜讀先生入選佳作：「登贛江八境臺」、「旅泊」、「甲午思往跡」，掩卷之際，不敢妄評，然詩中空明之境，愛國愛鄉之情，稍襲心靈，怦然而動！足見先生國學之才，實乃光耀鄉邦，不勝感佩！

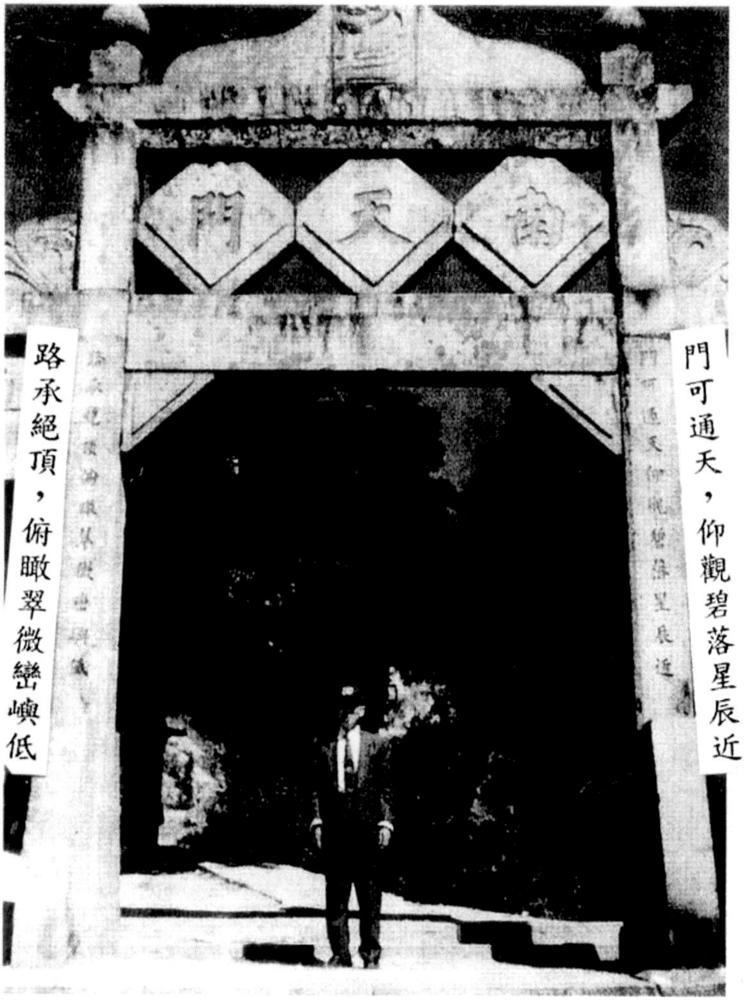
南天門
門可通天，仰觀碧落星辰近
路承絕頂，俯瞰翠微巒嶼低

著者南嶽登眺留影（戊寅秋）

國家圖書館出版品預行編目資料

寄園詩選 / 楊世輝著. -- 初版. -- 臺北市：文史哲, 民 99.02
頁 ： 公分. --（文學叢刊；231）
ISBN 978-957-549-884-9 (平裝)

851.486　　99002385

文學叢刊 231

寄園詩選

著　者：楊　世　輝
出版者：文　史　哲　出　版　社
http://www.lapen.com.tw
登記證字號：行政院新聞局版臺業字五三三七號
發行人：彭　正　雄
發行所：文　史　哲　出　版　社
印刷者：文　史　哲　出　版　社
臺北市羅斯福路一段七十二巷四號
郵政劃撥帳號：一六一八〇一七五
電話886-2-23511028・傳真886-2-23965656

平裝定價新臺幣三六〇元
精裝定價新臺幣四八〇元

中華民國九十九年（2010）二月初版
中華民國九十九年（2010）七月增訂再版

ISBN 978-957-549-884-9　　08231